财务管理

主　编　王力东　李晓敏
副主编　曾　璐　李魁梅　陈　娇

北京理工大学出版社
BEIJING INSTITUTE OF TECHNOLOGY PRESS

内 容 简 介

本书按照应用型高校教育教学改革的要求，采取任务驱动式体例编写，分为基础篇、实务应用篇、财务报告分析篇和拓展延伸篇。基础篇包括财务管理基本理论、货币的时间价值、风险的识别与衡量、预算编制与方法；实务应用篇包括财务活动中的筹资管理分析与决策应用、投资管理分析与决策应用、营运管理分析与决策应用、利润分配管理分析与决策应用；财务报告分析篇包括财务报告分析及应用；拓展延伸篇包括财务战略。

本书可以作为应用型高等院校财务管理及相关专业以及经济管理类其他相关专业的教材，还可供从事财务管理、会计和其他经济管理的工作人员自学、技能培训和参加专业技术资格考试时使用。

版权专有　侵权必究

图书在版编目（CIP）数据

财务管理/王力东，李晓敏主编. —北京：北京理工大学出版社，2019.6
ISBN 978-7-5682-7147-9

I. ①财… II. ①王… ②李… III. ①财务管理—高等学校—教材 IV. ①F275

中国版本图书馆 CIP 数据核字（2019）第 120712 号

出版发行 /	北京理工大学出版社有限责任公司
社　　址 /	北京市海淀区中关村南大街 5 号
邮　　编 /	100081
电　　话 /	（010）68914775（总编室）
	（010）82562903（教材售后服务热线）
	（010）68948351（其他图书服务热线）
网　　址 /	http://www.bitpress.com.cn
经　　销 /	全国各地新华书店
印　　刷 /	涿州市新华印刷有限公司
开　　本 /	787 毫米×1092 毫米　1/16
印　　张 /	12
字　　数 /	276 千字
版　　次 /	2019 年 6 月第 1 版　2019 年 6 月第 1 次印刷
定　　价 /	55.00 元

责任编辑 / 高　芳
文案编辑 / 赵　轩
责任校对 / 周瑞红
责任印制 / 李志强

图书出现印装质量问题，请拨打售后服务热线，本社负责调换

前　言

随着经济全球化，我国资本市场已经进入了全新的时代，在改革开放 40 周年之际，在"一带一路"建设创造国际合作机遇之时，我国工业增加值同比增速加快，服务业持续增长，固定资产投资结构继续优化，消费市场较为活跃，经济运行起步向好。随着国际化的不断深入，企业面临着更多的机遇与挑战，企业经营管理也日益重要。同时，作为企业经营管理的重要内容的财务管理，也成为企业经营管理中的核心内容。

财务管理是当前高等院校本科会计类专业及财务管理专业的核心专业课，也是经济管理类专业的专业基础课。但是，目前各个高校针对国家教育教学的改革，重新对大学进行定位，向着应用型大学转变。因此，随着教育教学改革的不断深入，应用型技术人才培养的需要，学校需要适应新教育模式的财务管理教材。

本书针对性极强。与国内其他同类书籍相比，本书着重突出以下特色。

1）服务对象不同。本书主要供高等院校、高职高专学生学习参考。在编写过程中，编者不仅考虑学生会计理论知识的培养，还注重会计基本方法的运用和会计基本技能的训练。

2）着重实务应用。本书以大量案例作为知识切入点，通俗易懂；同时，注重财务管理实务的讲授，突出反映财务管理的最新变动，实现了理论与实践的有机统一。

3）应对职称考试。编者在编写本书的过程中，考虑到学生对职称考试的需求，结合了相应职称考试的重要考点，使本书内容丰富翔实，有助于学生实现毕业证书与职业证书的"双证合璧"。

4）结合校企合作。为了让学生学有所思、学以致用，提高学生分析和解决实际问题的能力，编者在编写本书的过程中，咨询校企合作相关行业企业的专家，利用自身积累的丰富财务管理实践经验对相应实践操作知识点给予指导，同时利用行业企业的实际案例纳入本书中。

5）利用图解教学。本书不是文字的堆积，而是充分利用图形进行讲解，一目了然、图文并茂、内容言简意赅、格式新颖，让学生更容易理解与记忆。

本书由王力东、李晓敏担任主编，曾璐、李魁梅、陈娇担任副主编。具体编写分工如下：学习情境一到学习情境四、学习情境六由王力东编写，学习情境五、学习情境七由李晓敏编写，学习情境八由曾璐编写，学习情境九由李魁梅编写，学习情境十由陈娇编写。另外，王力东还负责了大纲拟定和组织编写工作。

由于受到编者水平及时间的制约，书中疏漏之处在所难免，恳请广大读者批评指正，以使本书在今后的修订中不断完善。

编　者

2019 年 3 月

目　录

基　础　篇

学习情境一　财务管理基本理论 ………………………………………………………………（3）

　　预备知识　财务管理概述 ……………………………………………………………（4）
　　　　一、财务管理的概念 ……………………………………………………………（4）
　　　　二、企业的组织形式 ……………………………………………………………（4）
　　任务一　企业财务活动内容 …………………………………………………………（6）
　　　　一、筹资活动 ……………………………………………………………………（6）
　　　　二、投资活动 ……………………………………………………………………（7）
　　　　三、营运活动 ……………………………………………………………………（7）
　　　　四、分配活动 ……………………………………………………………………（7）
　　任务二　企业财务关系内容 …………………………………………………………（8）
　　　　一、企业与投资者之间的财务关系 ……………………………………………（8）
　　　　二、企业与债权人之间的财务关系 ……………………………………………（8）
　　　　三、企业与政府之间的财务关系 ………………………………………………（9）
　　　　四、企业与受资者之间的财务关系 ……………………………………………（9）
　　　　五、企业与其他相关者之间的财务关系 ………………………………………（9）
　　任务三　企业财务管理目标 …………………………………………………………（9）
　　　　一、追求利润最大化 ……………………………………………………………（10）
　　　　二、追求股东财富最大化 ………………………………………………………（10）
　　　　三、追求企业价值最大化 ………………………………………………………（11）
　　　　四、追求相关者利益最大化 ……………………………………………………（11）
　　任务四　财务管理目标中关系人的利益冲突与协调 ………………………………（11）
　　　　一、所有者与经营者利益冲突与协调 …………………………………………（12）
　　　　二、债权人与所有者利益冲突与协调 …………………………………………（12）
　　任务五　企业财务管理环境 …………………………………………………………（13）
　　　　一、经济环境 ……………………………………………………………………（13）

二、金融环境 …………………………………………………………………………（15）
　　三、法律环境 …………………………………………………………………………（16）
　　四、社会文化环境 ……………………………………………………………………（16）

学习情境二　货币的时间价值 …………………………………………………………（17）

　预备知识　货币的时间价值概述 ………………………………………………………（18）
　　一、货币时间价值的定义 ……………………………………………………………（18）
　　二、货币时间价值的产生原因 ………………………………………………………（18）
　　三、货币时间价值的表示工具——现金流量图 ……………………………………（19）
　任务一　单利计息 ………………………………………………………………………（21）
　任务二　复利计息 ………………………………………………………………………（22）
　任务三　年金 ……………………………………………………………………………（24）
　　一、年金的分类 ………………………………………………………………………（24）
　　二、年金的计算 ………………………………………………………………………（25）
　　三、年金计算的技能实训 ……………………………………………………………（32）

学习情境三　风险的识别与衡量 …………………………………………………………（34）

　预备知识　风险概述 ……………………………………………………………………（35）
　　一、风险的含义 ………………………………………………………………………（35）
　　二、识别风险的意义 …………………………………………………………………（35）
　　三、风险价值的类型 …………………………………………………………………（35）
　　四、风险价值的表示方法 ……………………………………………………………（35）
　任务一　识别风险 ………………………………………………………………………（36）
　　一、从企业风险内容角度识别风险 …………………………………………………（36）
　　二、从企业投资角度识别风险 ………………………………………………………（36）
　　三、识别风险的技能实训 ……………………………………………………………（37）
　任务二　衡量风险 ………………………………………………………………………（38）
　　一、风险价值衡量 ……………………………………………………………………（38）
　　二、风险价值衡量的技能实训 ………………………………………………………（40）
　任务三　应对风险 ………………………………………………………………………（41）
　　一、应对风险的策略 …………………………………………………………………（41）
　　二、应对风险的技能实训 ……………………………………………………………（42）

学习情境四　预算编制与方法 ……………………………………………………………（44）

　预备知识　预算概述 ……………………………………………………………………（45）
　　一、预算的定义、特征与作用 ………………………………………………………（45）
　　二、预算的分类 ………………………………………………………………………（45）
　　三、预算工作的组织结构 ……………………………………………………………（46）
　　四、预算的编制程序 …………………………………………………………………（47）

| 任务一 | 预算的编制方法 | （48） |

    一、增量预算法与零基预算法 ……………………………………………（48）
    二、固定预算法与弹性预算法 ……………………………………………（49）
    三、定期预算法与滚动预算法 ……………………………………………（53）
    四、预算编制方法的技能实训 ……………………………………………（54）

任务二　全面预算编制 …………………………………………………………（55）
    一、销售预算的编制 ………………………………………………………（56）
    二、生产预算的编制 ………………………………………………………（57）
    三、直接材料预算的编制 …………………………………………………（57）
    四、直接人工预算的编制 …………………………………………………（59）
    五、制造费用预算的编制 …………………………………………………（59）
    六、产品生产成本预算的编制 ……………………………………………（60）
    七、销售及管理费用预算的编制 …………………………………………（61）
    八、现金预算编制 …………………………………………………………（62）
    九、利润表预算的编制 ……………………………………………………（63）
    十、预计资产负债表预算的编制 …………………………………………（64）

实务应用篇

学习情境五　财务活动——筹资管理分析与决策应用 ……………………（69）

预备知识　筹资管理概述 ………………………………………………………（70）
任务一　筹资资金需求量的确定 ………………………………………………（70）
    一、筹资资金需求量预测的方法 …………………………………………（70）
    二、筹资资金需求量预测的计算 …………………………………………（73）
    三、筹资资金需求量的技能实训 …………………………………………（74）
任务二　筹资的方式 ……………………………………………………………（75）
    一、债权筹资方式 …………………………………………………………（75）
    二、债权筹资方式下资本成本的计算 ……………………………………（76）
    三、股权筹资 ………………………………………………………………（77）
    四、股权筹资方式下资本成本的计算 ……………………………………（78）
    五、筹资方式方法的技能实训 ……………………………………………（80）
任务三　企业最优资本结构的确定 ……………………………………………（81）
    一、最优资本结构选择的方法 ……………………………………………（81）
    二、最优资本结构调整的方法 ……………………………………………（82）
    三、最优资本结构的技能实训 ……………………………………………（83）
任务四　杠杠效应及其应用 ……………………………………………………（83）
    一、杠杠效应的来源 ………………………………………………………（83）
    二、经营杠杆效应及其应用 ………………………………………………（84）

  三、财务杠杆效应及其应用 ……………………………………………………（85）
  四、总杠杆效应及其应用 ………………………………………………………（86）
  五、杠杆效应的技能实训 ………………………………………………………（86）

学习情境六　财务活动——投资管理分析与决策应用 ……………………………（88）

 预备知识　投资管理概述 …………………………………………………………（89）
  一、投资的概念 …………………………………………………………………（89）
  二、投资的分类 …………………………………………………………………（89）
  三、项目投资的概念和特点 ……………………………………………………（90）
  四、项目投资决策程序 …………………………………………………………（90）
 任务一　项目投资现金流量 ………………………………………………………（91）
  一、项目投资现金流量的构成 …………………………………………………（91）
  二、项目投资现金流量的计算 …………………………………………………（92）
  三、项目投资现金流量的技能实训 ……………………………………………（94）
 任务二　项目投资决策方案的选择 ………………………………………………（95）
  一、项目投资决策的评价方法 …………………………………………………（95）
  二、项目投资决策的选择应用 …………………………………………………（95）
  三、项目投资决策的技能实训 …………………………………………………（102）

学习情境七　财务活动——营运管理分析与决策应用 …………………………（104）

 预备知识　营运资金管理概述 ……………………………………………………（104）
  一、营运资金基本知识 …………………………………………………………（104）
  二、营运资金管理策略 …………………………………………………………（105）
 任务一　流动资产的管理 …………………………………………………………（106）
  一、现金管理 ……………………………………………………………………（106）
  二、应收账款管理 ………………………………………………………………（110）
  三、存货管理 ……………………………………………………………………（112）
  四、流动资产管理的技能实训 …………………………………………………（115）
 任务二　流动负债的管理 …………………………………………………………（115）
  一、短期借款的管理 ……………………………………………………………（115）
  二、商业信用的管理 ……………………………………………………………（117）
  三、应付账款的管理 ……………………………………………………………（119）

学习情境八　财务活动——利润分配管理分析与决策应用 ……………………（121）

 预备知识　利润分配管理概述 ……………………………………………………（122）
 任务一　利润分配管理 ……………………………………………………………（122）
  一、利润分配的顺序 ……………………………………………………………（123）
  二、股利支付的形式和程序 ……………………………………………………（123）
  三、股利政策的制定 ……………………………………………………………（126）

四、利润分配方案的技能实训 …………………………………………………（129）
　任务二　股票分割与反分割实际应用 ……………………………………………（130）
　　一、股票分割与反分割 ……………………………………………………………（130）
　　二、股票分割对公司的影响 ………………………………………………………（130）
　　三、股票分割的技能实训 …………………………………………………………（131）
　任务三　股票回购 …………………………………………………………………（132）
　　一、股票回购的含义、方式及动机 ………………………………………………（132）
　　二、股票回购对公司的影响 ………………………………………………………（132）
　　三、股票回购的技能实训 …………………………………………………………（133）

财务报告分析篇

学习情境九　财务报表分析及应用 ……………………………………………（137）
　预备知识　财务报表分析概述 …………………………………………………（138）
　任务一　财务报表分析内容及方法 ………………………………………………（139）
　　一、财务报表分析内容 ……………………………………………………………（139）
　　二、财务报表分析方法 ……………………………………………………………（140）
　任务二　财务报表基本能力分析及实际应用 ……………………………………（141）
　　一、偿债能力分析 …………………………………………………………………（141）
　　二、营运能力分析 …………………………………………………………………（146）
　　三、盈利能力分析 …………………………………………………………………（148）
　　四、发展能力分析 …………………………………………………………………（150）
　　五、财务趋势分析 …………………………………………………………………（152）
　　六、综合能力分析 …………………………………………………………………（153）
　　七、财务报表分析的技能实训 ……………………………………………………（155）

拓展延伸篇

学习情境十　财务战略 …………………………………………………………（161）
　预备知识　财务战略概述 ………………………………………………………（162）
　　一、财务战略的概念 ………………………………………………………………（162）
　　二、财务战略的特点 ………………………………………………………………（162）
　　三、财务战略的内容 ………………………………………………………………（163）
　　四、财务战略的关系 ………………………………………………………………（163）
　任务一　投资战略 …………………………………………………………………（164）
　　一、投资战略的概念 ………………………………………………………………（164）
　　二、投资战略的类型 ………………………………………………………………（164）
　任务二　筹资战略 …………………………………………………………………（164）
　　一、筹资战略的概念 ………………………………………………………………（164）

二、筹资战略的类型 …………………………………………………………（165）
　任务三　营运战略 ……………………………………………………………（165）
　　一、营运战略的概念 …………………………………………………………（165）
　　二、营运战略的类型 …………………………………………………………（165）
　任务四　股利战略 ……………………………………………………………（166）
　　一、股利战略的概念 …………………………………………………………（166）
　　二、股利战略的特点 …………………………………………………………（166）
　　三、股利战略的类型 …………………………………………………………（166）
　任务四　财务战略综合分析 …………………………………………………（166）
　　一、会计分析 …………………………………………………………………（167）
　　二、财务分析 …………………………………………………………………（167）
　　三、前景分析 …………………………………………………………………（167）
　　四、财务战略的技能实训 ……………………………………………………（167）
附录 ……………………………………………………………………………（171）
参考文献 ……………………………………………………………………（178）

基础篇

学习情境一

财务管理基本理论

1. 了解财务管理的概念,熟悉企业生存的财务环境;
2. 掌握企业财务活动与企业财务的关系;
3. 熟练掌握企业财务管理的目标。

"互联网+"下的财务管理

随着电子商务在我国的快速成长和高速发展,互联网在提高商业信息传递效率和消除信息壁垒方面起到了至关重要的作用。"苏宁云商"是我国零售行业的先行者和领先者,经营零售行业近30年,2015年8月10日,阿里巴巴集团投资283亿元人民币参与"苏宁云商"的非公开发行,占发行后总股本的19.99%,成为"苏宁云商"的第二大股东。2017年1月3日,"苏宁云商"旗下子公司苏宁物流拟全资收购天天快递。2017年7月20日,《财富》世界500强排行榜发布,"苏宁云商"位列第485位。2017年8月,中华全国工商业联合会发布"2017中国民营企业500强"榜单,苏宁控股以4 129.51亿元的年营业收入名列第二。苏宁"双十一"1小时战报:7秒破亿,第一单订单13分47秒送达。2018年1月14日,"苏宁云商"发布公告,计划将"苏宁易购"这一苏宁智慧零售的渠道品牌名称升级为公司名称,对公司中文名称、英文名称、证券简称等拟进行变更。

互联网零售行业市场份额竞争激烈,在这个技术更迭越来越快、市场变化越发频繁的时代背景下,如何做到比对手更高效、更低成本地为消费者提供优质的商品和服务,同时优化与上游供应商和下游消费者的关系,从而实现自身的商业价值,并从中获取利润,以及怎样顺应电子商务发展趋势,成为"苏宁云商"首要解决的重要问题。根据当前的情况,请思考以下几个问题:

1)"苏宁云商"企业的核心竞争力在于什么?
2)迎接新技术的挑战,企业应如何运营?新的股利分配的策略如何制定?
3)在财务战略转型中,该公司投资方向是什么?融资的规模是多少?

4)"苏宁云商"应如何进行财务战略的转型来适应新形势以谋求长远发展?

预备知识　财务管理概述

一、财务管理的概念

财务管理（financial management）是在一定的整体目标下，关于资产的购置（投资）、资本的融通（筹资）和经营中现金流量（营运），以及利润分配的管理。财务管理是企业管理的一个组成部分，它是根据财经法规制度，按照财务管理的原则，组织企业财务活动，处理财务关系的一项经济管理工作。简单地说，财务管理是组织企业财务活动、处理财务关系的一项经济管理工作。

企业财务管理的对象是资金管理，而现金的流转伴随着企业整个活动流程，因此财务管理是围绕资金的流入与流出展开的。在企业生产过程中，企业发生资金的收支活动，流转周而复始，不断循环，形成现金的循环，具有一定的规律性与连续性。

二、企业的组织形式

财务管理的应用范围很广，本书内容侧重于企业的财务管理。当前，我国的企业组织形式多样化，不同的企业具有不同的特点。一般来说，典型的企业组织形式主要有三种，具体如图1-1所示。三种企业组织形式中，公司制企业控制了市场中绝大部分的商业资本，因此本书的财务管理是指公司的财务管理。

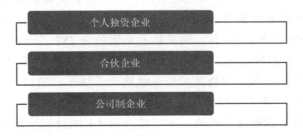

图1-1　企业组织形式分类图

（一）个人独资企业

个人独资企业是指个人单独出资、独立拥有、个人控制的企业。个人独资企业是我国目前数量比例比较大的企业类型。个人独资企业规模较小，抵御经济衰退和承担经营失误损失的能力不强，平均存续年限较短。其优缺点如表1-1所示。

表1-1　个人独资企业的优缺点

优点	缺点
创立容易	由于个人资本有限，信誉较低，难以筹集大量资本
维持企业固定成本较低	独资企业业主对债务承担无限责任
不需要缴纳企业所得税	企业的存续年限受制于业主的寿命

（二）合伙企业

合伙企业是由合伙人订立合伙协议，共同出资，合伙经营，共享收益，共担风险，并对合伙债务承担无限连带责任的营利性组织。通常合伙人是两个或两个以上的自然人，有时也包括法人或其他组织。

根据《中华人民共和国合伙企业法》，法人和其他组织可以参与合伙等。这给我国原本形式单一化的合伙制度注入了新的生机和活力，对促进风险投资和中小企业的发展，提高我国专业服务机构的竞争力，做大做强合伙企业起到了重大作用。合伙企业的优缺点如表1-2所示。

表1-2　合伙企业的优缺点

优点	缺点
创立容易	所有权转让困难，筹集资金困难
费用较低	合伙人对合伙企业债务承担无限连带责任

（三）公司制企业

公司是依照公司法在中国境内设立的有限责任公司和股份有限公司，是以营利为目的的企业法人。它是适应市场经济社会化大生产的需要而形成的一种企业组织形式。公司制企业不同于前两种企业组织形式，具有独特的优缺点，具体如表1-3所示。

表1-3　公司制企业的优缺点

优点	缺点
容易在资本市场募集资金	双重课税
承担有限债务责任，投资者风险降低	组建公司的成本高
股份转让便利，投资人资产流动性强	存在代理问题

具体来说，公司可分为有限责任公司和股份有限公司。有限责任公司是指由50个以下股东共同出资、股东以其出资额为限对公司承担责任，公司以其全部资产对公司债务承担责任的公司。股份有限公司是指全部资本由等额股份构成，股东以其认购的股份为限对公司承担责任，公司以其全部资产对公司债务承担责任的公司。有限责任公司与股份有限公司都是以其全部资产对其债务承担责任，除法律另有规定外，两者的股东对公司承担的都是有限责任。企业的三种组织形式有着不同的特征，具体如表1-4所示。

表1-4　企业组织形式的特征

企业特征项目	个人独资企业	合伙企业	公司制企业
投资人	一个自然人	两个或两个以上的自然人，有时也包括法人或其他组织	多样化
承担的责任	无限债务责任	每个合伙人对企业债务须承担无限、连带责任	有限债务责任
企业寿命	随着业主的死亡而自动消亡	合伙人卖出所持有的份额或死亡	无限存续
权益转让	比较困难	合伙人转让其所有权时需要取得其他合伙人的同意	容易转让所有权无须经过其他股东同意

续表

项目	企业特征	个人独资企业	合伙企业	公司制企业
筹集资金的难易程度		难以从外部获得大量资金用于经营	较难从外部获得大量资金用于经营	融资渠道较多,更容易筹措所需资金
纳税		个人所得税	个人所得税	企业所得税和个人所得税
代理问题		—	—	存在代理问题

任务一 企业财务活动内容

企业财务活动是以现金收支为主的企业资金收支活动的总称。在资本市场中,企业从资金投入到资金收回的整个过程构成了企业的财务活动,即从资金的筹集到资金的投放、使用、收回及分配等一系列行为,具体包括筹资活动、投资活动、营运活动、分配活动,如图 1-2 所示。这四个方面相互联系、相互依存,共同构成完整的企业财务活动。

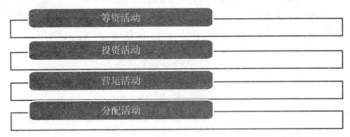

图 1-2 企业财务四大活动示意图

一、筹资活动

筹资活动是资金运动的起点,也是投资活动的必要前提。企业的生产经营离不开资金的支持,充足的资金可以为企业运营保驾护航。为了能够持续、良好地经营,企业在筹资活动中要解决以下问题:第一,筹资的规模有多大?筹资的数额是多少?如何精确计算企业的资金需要量?第二,筹资的方式有哪些?各自有哪些优缺点?第三,如何选择最优的资本结构,使企业的筹资成本和风险最低?上述问题是筹资活动核心的内容,具体解决方案如图 1-3 所示。

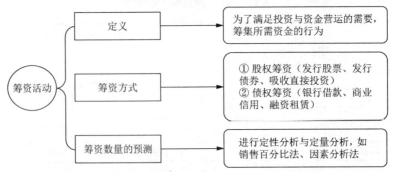

图 1-3 筹资活动分析示意图

二、投资活动

投资活动是企业经营中重要的资金活动之一,投资的好坏直接决定了企业运营的经济成果。因此,企业在取得充足资金支持的前提下,合理有效地进行投资是财务活动的重要研究课题。为了企业投资得到相应的客观的回报,企业在投资活动中要解决以下问题:第一,投资的种类有哪些?第二,哪些是投资项目的现金流出量,哪些是投资项目的现金流入量?第三,如何选择最优的项目方案,利用何种方法进行确定?上述问题是筹资活动的核心内容,具体解决方案如图1-4所示。

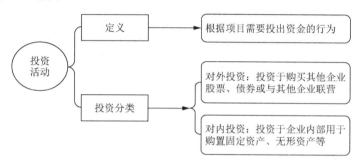

图1-4 投资活动分析示意图

三、营运活动

营运资金的运转发生在企业的日常活动中,为了维持企业的正常运转需要企业垫支资金,而企业营运资金的周转速度决定了企业营运管理的效果。具体营运活动如图1-5所示。因此,为了保证日常的经营活动正常运转,要解决以下问题:第一,企业最佳现金持有量是多少才可以保证日常的正常支付?第二,企业在采购材料或商品的时候,如何确定存货的经济订货批量?如何进行存货的管理,可以使企业资金周转速度最快,资金的利用效率最高?第三,企业将商品销售时采取的收款方式是什么?如何有效地收回资金?如何避免应收账款发生坏账准备?第四,当企业营运资金不足时,如何快速地采取短期借款、短期融资债券等方式来筹集所需资金?以上方面都是企业营运资金管理中必须考虑的问题。

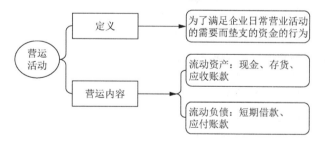

图1-5 营运活动分析示意图

四、分配活动

企业在经历了筹资、投资、营运之后,企业的现金流量就是企业的利润。根据我国法律规定,根据税收的无偿性与强制性,每个企业都应该依法缴纳税款,因此,考虑到影响利润分配的各个因素，利润分配要按照一定的程序进行。具体利润分配活动如图 1-6 所示。在进行利润分配时应考虑以下问题：第一，利润分配遵循的分配顺序是什么？第二，企业预留多少留存收益？如何在所有者当中进行分配？剩余多少用于股利分配？第三，企业应用何种股利分配政策？以上方面都是企业利润分配管理中必须考虑的问题。

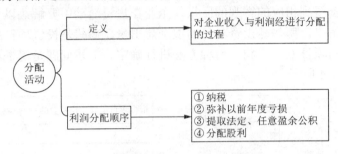

图 1-6　利润分配活动分析示意图

任务二　企业财务关系内容

企业财务关系是指企业在组织财务活动过程中与有关各方所发生的经济利益关系。这种财务关系可概括为以下几个方面，具体如图 1-7 所示。

图 1-7　企业财务关系分析示意图

一、企业与投资者之间的财务关系

企业与投资者之间的财务关系是指企业的投资者向企业投入资金，以及企业向投资者支付投资报酬所形成的经济关系。企业的所有者主要包括国家、法人、个人和其他组织。企业的所有者要按照投资合同、协议、章程的约定履行出资义务，以便及时形成企业的资本，企业则利用资本营运以便实现预期利润。所有者的出资不同，对企业承担的责任不同，相应享有企业的权利和利益也不相同。

二、企业与债权人之间的财务关系

企业与债权人之间的财务关系是指企业向债权人借入资金并按借款合同的规定按时支

付利息和归还本金所形成经济关系。企业的债权人主要有债券持有人、贷款机构、商业信用提供者及其他向企业出借资金的单位和个人。企业不仅要及时向债权人支付利息，还要债务到期时，按时向债权人归还本金。企业同其债权人的财务关系在性质上属于债权关系。

三、企业与政府之间的财务关系

政府作为社会管理者，依法行使行政职能。依据这一身份，政府向企业征税并无偿参与企业利润的分配，企业必须按照税法规定向中央和地方政府缴纳各种税款。这种关系是一种强制和无偿的分配关系。

四、企业与受资者之间的财务关系

企业与受资者之间的财务关系是指企业通过购买股票等形式向其他企业投资所形成的经济关系。企业向其他单位投资，应按约定履行义务，并依据其出资份额参与受资者的经营管理和利润分配。

五、企业与其他相关者之间的财务关系

企业内部各单位之间的财务关系是指企业内部各单位之间在生产经营各环节中相互提供产品或劳务所形成的经济利益关系。企业在实行厂内经济核算制和企业内部经营责任制的条件下，企业供、产、销各部门之间，以及各生产单位之间，相互提供劳务和产品都要计价结算。这种在企业内部资金使用中的权责关系、利益分配关系与内部结算关系，体现了企业内部各单位之间的经济利益关系。

企业与职工之间的财务关系是指企业向职工支付劳动报酬过程中所形成的经济关系。职工是企业的劳动者，他们以自身提供的劳动作为参加企业分配的依据。企业根据经营者的职务能力和经营能力高低，根据一般职工业务能力和劳动业绩大小，用其收入向职工支付工薪、津贴和奖金，并按规定提取公益金等。企业与职工之间是以权、责、劳、绩为依据的在劳动成果上的分配关系。

另外，在企业经营过程中，董事会负责决定企业经营计划和投资方案，制定企业年度财务预决算、利润分配、弥补亏损和增减注册资本等方案，企业要为董事会支付董事会经费。因此，企业与董事会之间也会发生经济利益关系。监事会负责检查企业财务，企业执行董事会决议的一切财务收支，都要接受监事会的检查监督，同时企业也要支付一部分监事会经费。因此，监事会也会与企业发生经济利益关系。

任务三　企业财务管理目标

财务管理的目标又称理财目标，是指企业进行财务活动所要达到的根本目的，它决定着企业财务管理的基本方向。明确财务管理的目标，是做好财务工作的前提。财务管理的目标主要有以下四个，具体如图1-8所示。

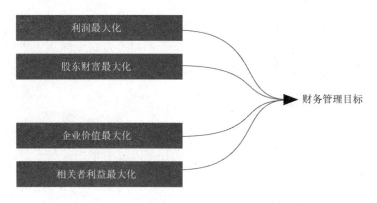

图 1-8　企业财务管理目标示意图

一、追求利润最大化

利润最大化一般指税后利润总额的最大化。在市场经济中,企业必然关心市场、关心利润,并且职工的经济利益直接与企业利润挂钩,从而使利润成为企业财务的主要目标。但是一味地以利润作为企业的目标,忽视企业的长远的发展趋势,也存在一定的不足。追求利润最大化的优缺点如表 1-5 所示。

表 1-5　追求利润最大化的优缺点

优点	缺点
以创造最大的价值为目标来增强企业在同行业中的竞争力	没有考虑货币时间价值的影响
	未能全面考虑企业的投入以及所得的关系
	易使企业忽略风险
	易使企业产生短期行为

二、追求股东财富最大化

现代企业的日常财务管理工作由受委托的经营者负责处理,经营者应最大限度地谋求股东或委托人的利益,而股东或委托人的利益目标则是提高资本报酬,增加股东财富,实现权益资本的保值增值。因此,股东财富最大化这一理财目标受到人们的普遍关注。在股份制企业中,投资者持有公司的股票并成为公司的股东。许多人认为,股票市场价格的高低体现着投资大众对公司价值所作的客观评价。它可以每股市价表示,反映资本和利润之间的关系;它受预期每股盈余的影响,可以反映每股盈余的大小和取得的时间;它受企业风险大小的影响,可以反映每股盈余的风险。因此,人们用股票市场价格来代表股东财富。股东财富最大化的目标在一定条件下也就演变成股票市场价格最大化这一目标。追求股东财富最大化的优缺点如表 1-6 所示。

表 1-6　追求股东财富最大化的优缺点

优点	缺点
考虑了时间对于利益价值的影响因素	局限于一部分企业,有较大的局限性
可以在很有限的范围内为企业获得利润	只强调了股东利益,忽视了股东之外的其他利益相关者的利益
拥有具体的目标,可以明确贡献者	股东的财富并不能以股票价格完全体现

三、追求企业价值最大化

现代企业是多边契约关系的集合，不能只考虑股东的利益，应以企业价值最大化作为理财目标。企业价值不是账面资产的总价值，而是企业全部财产的市场价值，它反映了企业潜在或预期获利能力。投资者在评价企业价值时，是以投资者预期投资时间为起点的，并将未来收入按预期投资时间的同一口径进行折现，未来收入的多少按实现的概率进行计算。可见，这种计算办法考虑了资金的时间价值和风险问题。企业所得的收益越多，实现收益的时间越近，应得的报酬越确定，则企业的价值或股东财富越大。追求企业价值最大化的优缺点如表1-7所示。

表1-7 追求企业价值最大化的优缺点

优点	缺点
考虑到全方面、多个时间段的意义	
既重视企业的长远发展，又克服管理上的片面性和短期行为	
既考虑盈利水平，又注意企业的风险控制	难以量化，无法准确衡量
使财务管理的目标与财务管理的主体相一致	
兼顾了股东与股东以外的利益相关者的利益	

四、追求相关者利益最大化

企业的利益相关者不仅包括股东，还包括债权人、企业经营者、客户、供应商、员工、政府等。相关者利益最大化的具体内容：①强调风险与报酬的均衡，将风险限制在企业可以承受的范围内；②强调股东的首要地位，并强调企业与股东之间的协调关系；③强调对代理人（即企业经营者）的监督和控制，建立有效的激励机制以便企业战略目标的顺利实现；④关心本企业普通职工的利益，创造优美、和谐的工作环境和提供合理恰当的福利待遇，使职工长期努力地为企业工作；⑤不断加强与债权人的关系，培养可靠的资金供应者；⑥关心客户的长期利益，以便保持销售收入的长期稳定增长；⑦加强与供应商的协作，共同面对市场竞争，并注重企业形象的宣传，遵守承诺，讲究信誉；⑧保持与政府部门的良好关系。追求相关者利益最大化的优缺点如表1-8所示。

表1-8 追求相关者利益最大化的优缺点

优点	缺点
有利于企业长期稳定发展	
体现了合作共赢的价值理念	
这一目标本身是一个多元化、多层次的目标体系，较好地兼顾了各利益主体的利益	理论理想化
体现了前瞻性和现实性的统一	

任务四 财务管理目标中关系人的利益冲突与协调

在不断探索实现财务管理目标的过程中，委托代理关系和职业代理人的出现给公司管理注入了新的力量。委托代理关系承担风险的委托人授予代理人某些决策权并与之签订或明或暗的合约。这种所有权和经营权互相分离的运作模式使公司的大规模扩张和永生成为可能。但随之而来的是一个有关财务管理目标更深层次的问题及委托代理问题。由于构成代理关系的双方条件各异、需求有别，行为目标也就会有差别，而且信息的不对称也使委托人很难验证代理人的实际行为是否合理或验证这一过程的代价过高，于是委托代理问题就产生了。1970年以后，美国多家上市公司公告虚假盈利，管理人侵吞公司和非法政治现金等丑闻频频爆出。而这些问题的存在及利益冲突直接影响到公司财务目标的实现程度。

一、所有者与经营者利益冲突与协调

股东是公司的拥有者，委托职业经理人对公司进行经营管理，但是，职业经理人通过自己的经营管理所创造的财富价值不能完全由其独自享有，而是要交给股东，股东在得到收益后，再向职业经理人支付其劳动报酬。经理人希望能为股东带来更多收益从而提高自己的劳动报酬，而股东则希望用最小的管理成本获得最大的利润，于是职业经理人的个人目标与股东的目标便产生了冲突。有些时候，经理人为了提高公司利润甚至会冒着道德风险，不顾一切地追求短期利益，为公司的长期发展埋下了巨大隐患。三鹿集团事件就是一个鲜活的例子，这一事件的发生不仅将公司的信誉毁于一旦，严重影响公司的未来发展和股东利益，甚至影响到整个中国乳制品业的发展状况，为整个行业带来了不良的影响。

对于股东和经理人之间的代理关系，可以采取一定的办法，在一定程度上避免经理人做出一切以短期利益为目标、不顾企业长期发展的行为，具体解决方式如表1-9所示。

表1-9　解决所有者与经营者利益冲突的方式

方式	具体内容
监督	利用所有者约束管理者行为
激励	给予股票期权权利，如允许经理人购买本公司股票，使股东和经理人的利益相协调

二、债权人与所有者利益冲突与协调

一方面，股东最为关心的是股票红利和股票价格；另一方面，债权人关注的是公司的偿债能力，二者的利益目标不同，从而产生了利益冲突。对于一个投资项目，股东会选择风险较高的项目，因为高风险往往可以带来高收益。即使投资失败，股东也可以借助有限责任制度，以及信息不对称和合同不完备规避公司无法偿还的债务，将一部分风险转嫁给债权人。而债权人所应得的本金和利息是既定的，当然不希望自身承担过多风险，因而更偏向于选择风险较小的投资项目。股东与债权人的利益冲突，可以通过表1-10所示方式解决。

表1-10　解决债权人与所有者利益冲突的方式

方式	具体内容
限制性借债	债权人事先在借款合同中规定借债用途限制、借债担保条款和借债信用条件，使所有者不能削弱债权人的债权价值
收回借款或停止借款	当债权人发现企业有侵害其债权价值的意图时，采取收回债权或不再给予新的借款的措施，从而保护自身权益

任务五　企业财务管理环境

任何事物的产生、存在和发展都会受到周边环境的影响，财务管理活动也离不开企业周边环境。例如，企业要进行对外融资，离不开外部金融环境；企业要进行投资决策，必须考虑税收因素对决策的重大影响等。企业的财务人员只有合理地预测财务管理环境的发展状况，才能更好地研究企业的财务管理，客观、公正地解释企业的财务现象。

财务管理环境又称理财环境，是指对财务管理产生重大影响的所有外部条件和因素的总和。财务管理环境涉及的范围很广，如国家的政治、经济形势，国家经济法规的完善程度，企业所面临的市场状况等。一般来说，财务管理环境可分为经济环境、金融环境、法律环境和社会文化环境等多个方面，具体如图1-9所示。

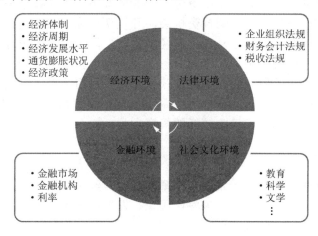

图1-9　财务环境的内容分类

一、经济环境

在影响财务管理的各种外部环境中，经济环境最为重要。经济环境的内容十分广泛，它是影响企业财务管理的各种经济因素，包括经济体制、经济周期、经济发展水平、通货膨胀状况和经济政策等。

1. 经济体制

不同的经济体制，对财务管理活动的影响是不同的。在计划经济体制下，企业虽然是独立核算单位，但企业的财务管理活动内容相对单一，财务管理方法也比较简单，基本上无独立的理财权。而是由国家统筹企业资本、统一投资、统负盈亏，企业利润统一上缴、亏损全部由国家补贴。在市场经济体制下，企业的财务管理活动内容比较丰富，方法相对灵活多样。企业不但有独立的经营权，而且有独立的理财权，真正成为"自主经营、独立核算、自负盈亏"的经济实体。企业可以根据自身的需要，合理确定资本需求量，将筹集的资本投放到高效益、高回报的项目上，以获取更大的效益。因此，科学合理地寻找及运用资本、最大限度地降低企业资源消耗、追求低投入高产出便成了现代企业财务管理的内涵。

2. 经济周期

市场经济条件下，经济发展与运行呈现一定的波动性，社会经济增长会规律性地交替出现高速增长、低速增长、停滞，有时甚至是负增长阶段。这种经济的交替循环过程称为经济周期。经济周期大体上会经历复苏、繁荣、衰退和萧条几个阶段。在不同的经济周期，企业要选择不同的财务管理策略。

我国的经济发展也如经济周期特征所示，存在一定的经济波动。例如，我国曾出现经济超高速增长的过快势头，政府为了协调经济的发展，通过财税、金融等手段对国民经济总运行机制及其各个子系统提出了一些具体的政策措施，进行国家宏观调控。这些宏观调控政策对企业财务管理的影响是直接的。

对于经济周期的周期性波动，财务人员应该及时预测经济变化规律，适当调整财务管理的政策，适应经济波动，合理分配使用资金。一般情况下，国家在经济复苏阶段，社会购买力逐步提高，企业应及时确定合适的投资机会，开发新产品，采取宽松的信用管理政策，扩大产品存货，为企业后续发展打下基础。在经济繁荣阶段，市场需求旺盛，企业财务人员应迅速筹集所需要的各项资金，采取扩张的财务管理策略，扩大生产规模，增加各项投资，增置机器设备。在经济衰退阶段，企业为保证获得稳定的投资收益，应采取收缩政策，削减风险过大的投资，而去投资那些无风险的项目。在经济萧条阶段，企业应维持现有的生产规模，并重新设置投资标准，适当考虑风险较低的投资项目。

3. 经济发展水平

财务管理的发展水平和经济的发展水平紧密相连。经济发展水平是一个相对概念，按照通常的标准可以把不同的国家分别归为发达国家、发展中国家和不发达国家三大类，不同经济发展水平的国家对其财务管理的影响也不同。

在经济发展水平较高的国家，其财务管理水平也较高，财务管理职能发挥也较充分，势必会推动企业降低成本，改进效率，提高效益。而经济发展水平的提高，也将改变企业的财务管理模式和财务管理的方法手段，从而促进企业财务管理水平的提高。

发展中国家的经济发展水平不高，其经济基础较薄弱但发展速度较快，经济政策变更频繁。这些因素决定了发展中国家的财务管理具有以下特征：①财务管理的总体发展水平在世界上处于中间位置，但发展速度较快；②财务管理实践中还存在着财务管理方法简单、财务管理目标不明确等不足，仍需进一步改进；③与财务管理有关的法规政策变更频繁，给企业理财造成了很多困难。

最不发达国家是经济发展水平很低的那一部分国家，这些国家主要以农业为主要经济部门，工业特别是加工工业不太发达，而且这些国家的企业规模小、组织结构简单、财务管理水平低、发展速度慢。

可见，财务管理是以经济发展水平为基础的，经济的发展在给企业带来更多商机的同时，也给企业的财务管理工作带来了更大的挑战。

4. 通货膨胀状况

通货膨胀不仅降低了消费者的购买力，也给企业财务管理工作带来了很多麻烦。通货膨胀对企业财务活动的影响非常大。

虽然企业对通货膨胀本身无能为力，但是企业财务人员也应当采取积极的措施加以防范。财务人员需要分析通货膨胀对资金成本及对投资报酬率的影响。例如，在通货膨胀货币面临贬值风险时，企业可以进行适当投资，实现资本保值；可以与客户签订长期购货合同，以减少物价上涨造成的损失；可以采用比较严格的信用条件、减少企业债权等办法，减少通货膨胀给企业带来的不利影响。具体应对措施如表1-11所示。

表1-11 应对通货膨胀的措施

所处阶段	应对措施
通货膨胀初期	进行投资可以避免货币贬值风险，实现资本保值；签订长期购货合同，以减少物价上涨造成的损失；取得长期负债，保持资本成本稳定
通货膨胀持续期	采用比较严格的信用条件，减少企业债权；调整财务政策，防止和减少企业资本流失等

5. 经济政策

一个国家的经济政策，包括经济的发展计划、产业政策、财税政策、金融政策、外汇政策、外贸政策、货币政策及政府的行政法规等。这些政策会深刻地影响企业的发展及生产经营活动，对企业的财务管理活动产生非常重大的影响。企业的财务人员要认真学习和把握经济政策，以国家经济政策为导向，按政策规定进行相应的财务管理活动。

二、金融环境

金融是所有资本的流动和融通活动的总称。金融市场是资金融通的市场，是资本供应者和资本需求者相互融通资金的场所，借助这一场所，可以实现资本的借贷与融通，从而有效地配置资本资源。企业资金的取得与投放都与金融市场密不可分，金融市场发挥着金融中介、调节资金余缺的功能。

金融市场的划分标准有很多，由于不同类型的金融市场的交易工具不同，其所服务的顾客也不同。不同金融市场的主要区别在于交易工具的到期日及其实际代表的资产。熟悉金融市场的各种类型，可以让企业财务人员有效地组织资金的筹措和资本投资活动。只有金融市场的存在和有效运行，才能为企业外部融资提供有效保障。金融市场可以根据不同的标准进行分类，常见的分类方法如表1-12所示。

表1-12 金融市场的分类

分类标准	分类	内容
融资对象	外汇市场、资金市场与黄金市场	外汇市场以各种外汇金融工具为交易对象；资金市场以货币和资本市场为交易对象；黄金市场则是集中进行黄金买卖和金币兑换的交易市场
交易对象的期限	货币市场与资本市场	采用比较严格的信用条件，减少企业债权；调整财务政策，防止和减少企业资本流失等等
交易的性质	一级市场与二级市场	一级市场又称为发行市场或初级市场，是指发行新证券和票据等金融工具的市场，也是证券发行者筹集资金的场所。二级市场又称为次级市场或流动市场，是买卖已上市的证券和票据等金融工具的市场，是投资者之间转让证券的场所

三、法律环境

企业财务管理总是在一定的法律环境下进行的。法律环境是指企业与外部发生经济关系时所应遵循的各种法律、法规和规章。这些不同类型的法律，分别从不同方面约束着企业的经济活动和行为，对企业财务管理产生影响。企业财务活动作为一种社会行为，只有在良好的法律环境下，才能正常有序地开展。影响企业财务管理的法律环境主要有企业组织法规、财务会计法规和税收法规等。

四、社会文化环境

社会文化环境包括教育、科学、文学、艺术、新闻出版、广播电视、卫生体育、世界观、理想、信念和习俗，以及同社会制度相适应的权利义务观念、道德观念、组织纪律观念、价值观念和劳动态度等。企业的财务活动作为社会实践活动，不可避免地受到社会文化的影响。但是，社会文化的各方面对财务管理的影响程度是不同的。

科学技术的发展对财务管理工作的完善至关重要。经济学、数学、统计学、计算机科学等诸多学科的发展，在一定程度上促进了财务管理理论的发展。现代计算机、通信设备的普及和会计系统的完善，为财务管理提供了先进的技术条件，促进了财务管理方法的改进和创新。目前，我国进行财务管理所依据的会计信息是通过会计系统提供的，占企业经济信息总量的60%～70%。

学习情境二

货币的时间价值

1. 了解货币时间价值的定义、产生与发展；
2. 掌握单利计息与复利计息的计算与差别；
3. 掌握多种年金的计算与具体的应用。

存款基准利率

存款基准利率是中国人民银行公布的商业银行存款的指导性利率。基准利率必须由市场供求关系决定，不仅反映实际市场供求状况，还要反映市场对未来的预期。

在中国，以中国人民银行对国家专业银行和其他金融机构规定的存贷款利率为基准利率。具体而言，一般普通民众把银行一年定期存款利率作为市场基准利率指标，银行则把隔夜拆借利率作为市场基准利率。

中国人民银行决定，自 2015 年 10 月 24 日起下调金融机构人民币贷款和存款基准利率，以进一步降低社会融资成本。其中，金融机构一年期贷款基准利率下调 0.25 个百分点至 4.35%；一年期存款基准利率下调 0.25 个百分点至 1.5%；其他各档次贷款及存款基准利率、人民银行对金融机构贷款利率相应调整；个人住房公积金贷款利率保持不变。同时，对商业银行和农村合作金融机构等不再设置存款利率浮动上限，并抓紧完善利率的市场化形成和调控机制，加强央行对利率体系的调控和监督指导，提高货币政策传导效率。详细内容如表 2-1 所示。

表 2-1　2017 年中国各大银行最新存款利率表（更新于 2018 年 1 月 1 日）

银行/基准利率	活期存款年利率（%）	定期存款年利率（%）					
		三个月	半年	一年	二年	三年	五年
中国人民银行	0.35	1.1	1.3	1.5	2.1	2.75	—
中国工商银行	0.3	1.35	1.55	1.75	2.25	2.75	2.75
中国农业银行	0.3	1.35	1.55	1.75	2.25	2.75	2.75

续表

银行/基准利率	活期年利率（%）	定期存款年利率（%）					
		三个月	半年	一年	二年	三年	五年
中国建设银行	0.3	1.35	1.55	1.75	2.25	2.75	2.75
中国银行	0.3	1.35	1.55	1.75	2.25	2.75	2.75
交通银行	0.3	1.35	1.55	1.75	2.25	2.75	2.75

根据此时的情况，请思考以下几个问题：

1）新政策下，中国人民银行"双降"对你的"钱包"有何影响？
2）钱存在哪家银行最划算呢？钱是继续放在银行还是拿来投资呢？
3）银行利率的连续调整对投资者在哪些方面产生怎样的影响呢？

预备知识　货币的时间价值概述

一、货币时间价值的定义

货币的时间价值（time value of money，TVM），是指货币经过一段时间的投资和再投资所增加的价值。今天的 1 万元和 10 年前的 1 万元，价值绝对是不一样的，这体现了货币的时间属性。

从投资的角度来说，货币的时间价值就是投资者目前拥有的货币相比未来收到的同样金额的货币具有更大的价值，因为投资者目前拥有的货币可以用来进行投资，在目前到未来这段时间里可以重复获利。一般我们认为，货币的时间价值受到通货膨胀的影响，但是即使没有通货膨胀的影响，只要存在投资机会，等值货币的现值就一定大于它的未来价值。

从经济学的角度来说，现在的一单位货币之所以和未来的一单位货币的购买力不同，就是因为要节省现在的一单位货币，投资者不将它们用来消费而改在未来消费，那么在未来消费时如果有大于一单位的货币可供消费，就是作为弥补延迟消费的资金，这就是货币的时间价值。

投资者必须考虑货币的时间价值，它对于投资产生的广泛作用在于货币的时间价值能反映货币的贬值趋势。所以，在做投资决策、评估投资业绩等很多方面，货币的时间价值都是需要投资者必须全面考虑的因素。另外，如果货币降值，物价相对来说是上升的，此时生产成本就会增加。但是由于生产者需要赢利，就只能提高产品售价，然而消费群体的经济承受能力和心理承受能力有可能停留在原来的水平，这就会造成生产者投资回收的困难。这便迫使生产者提高自己的生产技术，降低生产成本或者达到企业合理并购的情况。这就是国家利用货币的时间价值对生产交易市场调控的全过程。无论是企业还是个人，都想使自己的资产保值或增值，于是人们采取各种各样的措施，通过各种不同的途径来达到货币保值增值的目的。无论是在财务管理上，还是在企业的投资风险评估中，只要是一切有关货币交易的方面，货币的时间价值都起到了积极的作用。

二、货币时间价值的产生原因

货币的时间价值是如何在漫长的经济发展过程中逐步产生的呢？是哪些因素促成了它

的产生和发展呢？一般来说，货币时间价值的产生原因主要的有以下三个方面。

1）货币时间价值是资源稀缺性的体现。在货币经济条件下，货币是商品的价值体现。现在的货币用于支配现在的商品，将来的货币用于支配将来的商品，所以现在货币的价值自然高于未来货币的价值。市场利率水平的高低是对平均经济增长和社会资源稀缺性的反映，也是衡量货币时间价值的标准。经济和社会的发展要消耗现有的社会资源，而现有的社会资源又构成了现存的社会财富，利用这些社会资源创造出来的将来的物质和文化产品就构成了将来的社会财富。由于社会资源具有稀缺性特征，又能够带来更多社会产品，现在物品的效用要高于未来物品的效用。

2）货币时间价值是信用货币制度下的固有特征。在目前的信用货币制度下，中央银行基础货币和商业银行体系派生存款共同构成了流通中的货币。由于信用货币有逐年增加的趋势，货币贬值、通货膨胀成为普遍现象，现有货币总是在价值上高于未来货币。这说明货币价值随时间的推移而不断降低。

3）货币时间价值是人们更重视当下的反映。由于人在认识上的局限性，人们存在一种普遍的心理就是比较重视现在而忽视未来，因为投资者总是对现存事物的感知能力较强，而对未来事物的认识较模糊。现在的货币能够支配现在商品满足人们的现实需要，而将来货币只能支配将来商品满足人们的不确定需要，所以现在单位货币价值总体上都要高于未来单位货币的价值。利息率就是为使人们放弃现在货币及其价值必须付出的代价。

三、货币时间价值的表示工具——现金流量图

现金流量图是描述现金流量作为时间函数的图形，它能表示资金在不同时间点流入与流出的情况，是资金时间价值计算中常用的工具。可以直观、便捷地反映资金运动发生的时间和方向。

现金流量图的作法：

1）以横轴为时间轴，向右延伸，每一刻度表示一时间单位。
2）垂直于时间轴的箭线，表示不同时点的现金流量的大小和方向。
3）在箭线的上方（下方）标注现金流量的数值。
4）箭线与时间轴的交点为现金流量发生的时点。
5）一般规定横轴上方为现金流入，下方为现金流出。
6）为了方便计算，在货币时间价值计算中，经常使用的符号如表2-2所示。

表2-2　货币时间价值计算符号表

符号	含义
PV	本金，又称现值
i	利率，通常指每年利息与本金之比
I	利息
FV	本金与利息之和，又称本利或终值
n	期数

案例指导 2-1

何一预计投资某项目，项目要求现在投资 1 000 万元，未来连续两年，每年年末收到 600 万元，请画出现金流量图。

解析：

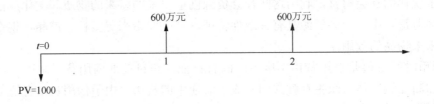

案例指导 2-2

何一预计投资某项目，项目要求现在投资 100 万元，未来连续三年，每年年初收到 30 万元，请画出现金流量图。

解析：

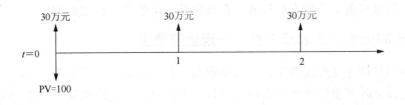

案例指导 2-3

何一预计投资某项目，项目要求现在投资连续三年每年年末投资 100 万元，未来连续三年每年年末收到 200 万元，请画出现金流量图。

解析：

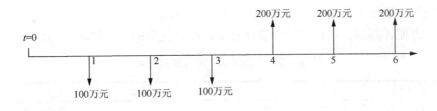

案例指导 2-4

何一预计投资某项目，项目要求现在一次性投入投资 100 万元，未来连续 n 年每年年末收到 5 万元，请画出现金流量图。

解析：

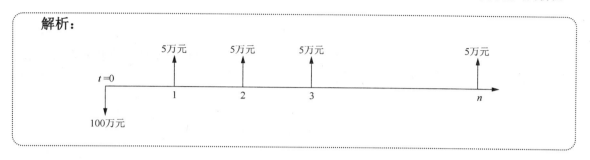

任务一 单利计息

单利计息是指一定期间内只根据本金计算利息，当期产生的利息在下一期不作为本金，不重复计算利息。其实质就是只对本金计算利息，即各期的利息金额是相同的。单利终值与现值的具体计算公式如图 2-1 所示。

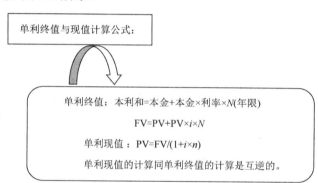

图 2-1 单单利终值与现值计算公式图

案例指导 2-5

何一将 100 元存入了银行，在银行利率为 5% 的情况下，在 1 年以后、2 年以后、3 年以后、n 年以后各期的本利和是多少？

解析：
计算过程如表 2-3 所示。

表 2-3 单利计息下货币时间价值的计算

第 1 年本利和	FV=100+100×5%=105（元）
第 2 年本利和	FV=100+100×5%×2=110（元）
第 3 年本利和	FV=100+100×5%×3=115（元）
……	……
第 n 年本利和	本利和=本金+本金×利率×N（年限）

案例指导 2-6

某人希望在 3 年后取得本利和 1 150 元,用以支付一笔款项。已知银行存款利率为 5%,则在单利方式下,此人现在需存入银行多少钱?

解析:

$$PV=PV+FV/(1+i\cdot n)=1\,150/(1+3\times 5\%)=1\,000(元)$$

案例指导 2-7

何一准备了 500 万元进行投资,为规避风险,他选择了回报率低的项目同时是单利计息。问在利率为 3% 的情况下 4 年能得到的收益是多少?

解析

$$FV=PV+PV\cdot i\cdot N=500\cdot 500\cdot 3\%\cdot 4=560(万元)$$

案例指导 2-8

何一为了 5 年后能从银行取出 500 万元,在年利率为 2% 的情况下,当前应存入银行的金额是多少元?(计算结果保留两位小数)

解析:

$$PV=FV/(1+i\cdot n)=500/(1+2\%\times 5)=454.55(万元)$$

任务二 复利计息

复利计息就是不仅本金要计算利息,利息也要计算利息,即通常所说的"利滚利"。复利计息的本质就是既对本金计算利息,也对前期的利息计算利息(各期利息金额不同)。而现实生活中通常采用复利计算,同时在计算利息时,除非特别指明,给出的利率是指年利率。对于不足 1 年的利息,以 1 年等于 360 天来折算。

复利终值是指一定量的本金按复利计算若干期后的本利和,具体公式如图 2-2 所示。

复利终值计算公式:

$$FV=PV\times(1+i)^n=PV\times(F/P,i,n)$$

其中,$(1+i)^n$ 通常称为复利终值系数,用符号 $(F/P,i,n)$ 表示。复利终值系数可以通过查阅1元复利终值系数表直接获得。

图 2-2 复利终值计算公式图

复利现值是复利终值的对称概念,是指未来一定时间的特定资金按复利计算的现在价值，或者说为了取得未来的本利和现在所需的本金。具体公式如图 2-3 所示。

复利现值计算公式：

$$PV = FV \times (1+i)^{-n} = PV \times (P/F, i, n)$$

其中，$(1+i)^{-n}$ 称为复利现值系数，通常用符号 $(P/F, i, n)$ 表示。复利现值系数可以通过查阅 1 元复利现值系数表直接获得。

图 2-3　复利现值计算公式图

案例指导 2-9

何一将 100 元存入了银行，在银行复利计息、利率为 2% 的情况下，问在 1 年以后、2 年以后、3 年以后、4 年以后、5 年以后……n 年以后各期的本利和是多少？（计算结果保留两位小数）

解析：

先画出现金流量图，然后计算金额。计算过程如表 2-4 所示。

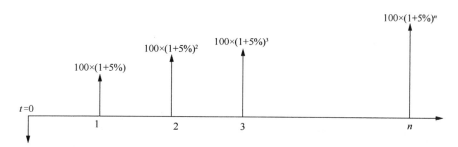

表 2-4　复利计息下货币时间价值的计算

第 1 年本利和	$FV=100\times(1+5\%)=105$
第 2 年本利和	$FV=100\times(1+5\%)^2=110.25$
第 3 年本利和	$FV=100\times(1+5\%)^3=115.76$
……	……
第 n 年本利和	$FV=PV\times(1+i)^n$

案例指导 2-10

何一为了 5 年后能从银行取出 100 万元，在复利年利率为 2% 的情况下，当前应存入银行多少元？（计算结果保留两位小数）

解析：

$PV=FV\times(1+i)^{-n}=PV\times(P/F,I,n)=100/(1+2\%)^5=PV\times(P/F,2\%,5)=90.57$（万元）

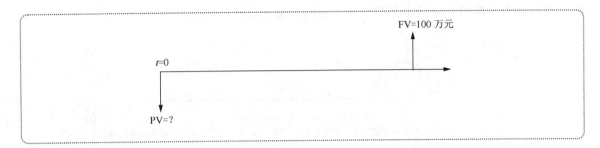

案例指导 2-11

何一的表哥拟在重庆购房,开发商提出两种方案,一种方案是现在一次性付 80 万元,另一方案是 5 年后付 100 万元。若目前的银行存款利率是 7%,何一的表哥应如何付款?

解析:

根据货币时间价值理论,不同时点的货币不再具有可比性,要进行比较,必须转化到同一时点。因此两个方案详细内容如表 2-5 所示。

表 2-5 方案分析表

比较方案	现值	终值
方案 1	PV_1=800 000	FV_1=800 000×$(F/P,7\%,5)$=800 000×1.402 6=1 122 080
方案 2	PV_2=1 000 000×$(P/F,7\%,5)$ =1 000 000×0.713=713 000(元)	FV_2=100 0000(元)
比较	$PV_1 > PV_2$	$FV_1 > FV_2$

任务三 年 金

一、年金的分类

年金是一定时期内每隔相等时间、发生相等金额的收付款项。年金是同时满足下列两个条件的系列款项:第一,时间间隔相等;第二,金额相等。利息、租金、险费、等额分期收款、等额分期付款,以及零存整取或整存零取等一般都表现为年金的形式。年金按其收付发生的时点不同,可分为普通年金、预付年金、递延年金、永续年金等,如图 2-4 所示。不同种类年金的计算用不同的方法计算(年金一般用符号 A 表示)。

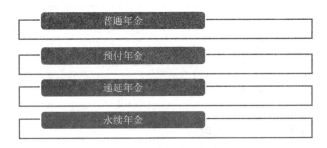

图 2-4 年金分类图

二、年金的计算

1. 普通年金终值

普通年金终值是指一定时期内每期期末收付款项的复利终值之和，其计算公式如图 2-5 所示。

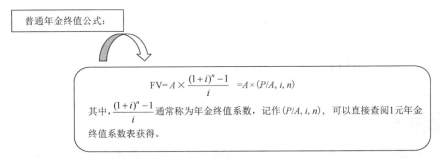

图 2-5 普通年金终值计算公式图

案例指导 2-12

市场中基金项目种类多样，如股票基金、债券基金、货币市场基金、期货基金、保险基金等。何一热衷于投资基金项目，帮他计算，当前可供选择的三种基金项目在利率为 5% 的情况下，连续两年每年年末投资 2 万元，连续三年每年年末投资 2 万元，连续 n 年每年年末投资 2 万元，各自的终值是多少？

解析：

1）连续两年每年年末投资 2 万元时：

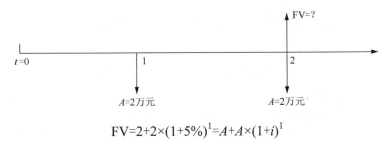

$FV=2+2\times(1+5\%)^1=A+A\times(1+i)^1$

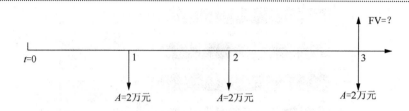

2）连续三年每年年末投资 2 万元时：

$$FV=2+2\times(1+5\%)^1+2\times(1+5\%)^2=A+A\times(1+i)^1+A\times(1+i)^2$$

3）连续 n 年每年年末投资 2 万元时：

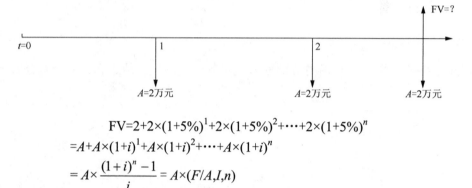

$$FV=2+2\times(1+5\%)^1+2\times(1+5\%)^2+\cdots+2\times(1+5\%)^n$$
$$=A+A\times(1+i)^1+A\times(1+i)^2+\cdots+A\times(1+i)^n$$
$$=A\times\frac{(1+i)^n-1}{i}=A\times(F/A,I,n)$$

案例指导 2-13

何一大学毕业以后一直做爱心活动，2008—2018 年，每年年末都向中国红十字会捐赠 2 万元，假设每年定期存款利率都是 3%（复利计算），则何一同学 10 年的捐款在 2018 年年底相当于多少钱？

解析：

$$FV=A\times(F/A,I,n)=2\times(F/A,3\%,10)=2\times11.464=22.93(万元)$$

2. 普通年金现值

普通年金现值是指一定时期内每期期末收付款项的复利现值之和，其计算公式如图 2-6 所示。

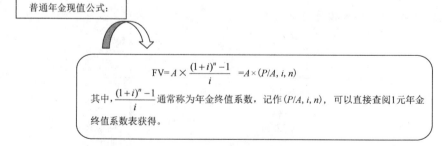

图 2-6 普通年金现值计算公式图

案例指导 2-14

何一现在想进行储蓄投资,参照市场基金的投资方式,在利率为 5%的情况下,连续两年每年年末收到 2 万元,连续三年每年年末收到 2 万元,连续 n 年每年年末收到 2 万元,计算以上情况各自的现在投资的现值是多少?

解析:

1) 连续两年每年年末收到 2 万元时;

$$PV=2\times(1+5\%)^{-1}+2\times(1+5\%)^{-2}=A\times(1+i)^{-1}+A\times(1+i)^{-2}$$

2) 连续三年每年年末收到 2 万元时:

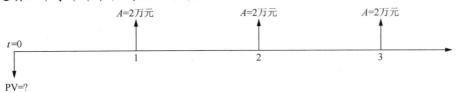

$$PV=2\times(1+5\%)^{-1}+2\times(1+5\%)^{-2}+2\times(1+5\%)^{-3}$$
$$=A\times(1+i)^{-1}+A\times(1+i)^{-2}+A\times(1+i)^{-3}$$

3) 连续 n 年每年年末收到 2 万元时:

$$PV=2\times(1+5\%)^{-1}+2\times(1+5\%)^{-2}+2\times(1+5\%)^{-3}+\cdots+2\times(1+5\%)^{-n}$$
$$=A\times(1+i)^{-1}+A\times(1+i)^{-2}+A\times(1+i)^{-3}+\cdots+A\times(1+i)^{-n}$$
$$=A\times\frac{1-(1+i)^{-n}}{i}$$
$$=A\times(P/A,I,n)$$

案例指导 2-15

近些年,某企业主要经营海外业务,现在有一个投资项目,内容是向外商购入一个已开采的油田,该油田尚能开采 10 年,10 年期间每年能获得现金收益 5 000 万元,10 年后油田枯竭废弃时,残值与清理费用相互抵消。由于油田风险大,假设当前企业投资者要求的回报率为 15%,则该企业投资者购入这一油田愿出的最高价格是多少或者说在投资金额多少以内企业才可以获得利润?

解析：
$$PV = A \times (P/A, I, n) = 5\,000 \times (P/A, 15\%, 10) = 5\,000 \times 5.018\,8 = 25\,094(万元)$$

3. 预付年金终值

预付年金终值是指一定时期内每期期初收付款项的复利终值之和，其公式如图2-7所示。

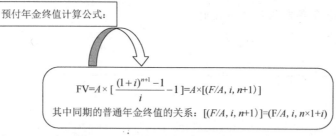

图2-7 预付年金终值计算公式图

案例指导2-16

何一热衷于投资基金项目，请帮他计算，当前可供选择的三种基金项目在利率为5%的情况下，连续两年每年年初投资2万元，连续三年每年年末投资2万元，连续n年每年年末投资2万元，各自的终值是多少？

解析：

1）连续两年每年年初投资2万元时：
$$FV = 2 \times (1+5\%)^1 + 2 \times (1+5\%)^2 = A \times (1+i)^1 + A \times (1+i)^2$$

2）连续三年每年年初投资2万元时：
$$FV = 2 \times (1+5\%)^1 + 2 \times (1+5\%)^2 + 2 \times (1+5\%)^3$$
$$= A \times (1+i)^1 + A \times (1+i)^2 + A \times (1+i)^3$$

3）连续n年每年年初投资2万元时：
$$FV = 2 \times (1+5\%)^1 + 2 \times (1+5\%)^2 + \cdots + 2 \times (1+5\%)^n + 2 \times (1+5\%)^{n+1}$$
$$= A + A \times (1+i)^1 + A \times (1+i)^2 + \cdots + A \times (1+i)^n + A \times (1+i)^{n+1}$$
$$= A \times [(F/A, I, n+1) - 1]$$

案例指导2-17

某企业近些年运营良好，打算在5年后为员工建造一个深夜食堂，预计准备每年年初从每年的营业利润中留存40万元投资该项目。若利率为6%的情况下，5年后企业深夜食堂项目的启动金积累的金额是多少？

解析：
$FV = A \times (F/A, I, n+1)$
$\quad = 40 \times (F/A, I, n+1) = 40 \times (F/A, 6\%, 6) = 40 \times 6.975\,3 = 279.012(万元)$

4. 预付年金现值

预付年金现值是指一定时期内每期期初收付款项的复利现值之和。详细内容如图 2-8 所示。

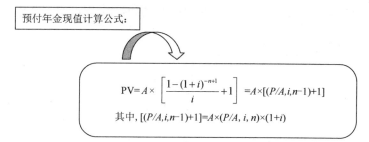

图 2-8 预付年金现值计算公式图

案例指导 2-18

何一现在想进行储蓄投资，参照市场基金的投资方式，在利率为 5%的情况下，连续两年每年年初收到 2 万元，连续三年每年年初收到 2 万元，连续 n 年每年年初收到 2 万元，各自的现在投资的现值是多少？

解析：

1）连续两年每年年初收到 2 万元时：
$$PV=2+2\times(1+5\%)^{-1}=A+A\times(1+i)^{-1}$$

2）连续三年每年年初收到 2 万元时：
$$PV=2+2\times(1+5\%)^{-1}+2\times(1+5\%)^{-2}+$$
$$=A+A\times(1+i)^{-1}+A\times(1+i)^{-2}$$

3）连续 n 年每年年初收到 2 万元时：
$$PV=2+2\times(1+5\%)^{-1}+2\times(1+5\%)^{-2}+2\times(1+5\%)^{-3}+\cdots+2\times(1+5\%)^{-n+1}$$
$$=A+A\times(1+i)^{-1}+A\times(1+i)^{-2}+A\times(1+i)^{-3}+\cdots+A\times(1+i)^{-n+1}$$
$$=A\times\left[\frac{1-(1+i)^{-n+1}}{i}+1\right]$$
$$=A\times[(P/A,I,n-1)+1]$$

案例指导 2-19

何一在上大学之前，父母已经在筹划孩子的学费，大学 4 年每年年初需要准备 10 000 元的学费，银行利率为 4%。何一的父母现在往银行存入多少钱能保证其每年年初都能取出需要的金额？

解析：
$$PV=10\,000\times[(P/A,4\%,4-1)+1]$$
$$=10\,000\times(2.7751+1)$$
$$=37\,751(元)$$

5. 递延年金终值

递延年金终值又称延期年金终值，是指第一次首付款发生时间不在第一期，而在第二期或第二期以后才开始发生的系列等额收付款项终值之和，其公式如图2-9所示。

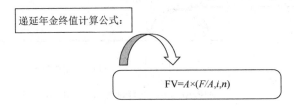

图2-9 递延年金终值计算公式图

案例指导2-20

何一的父母准备投资一个项目，前两年没有获得收益，后三年每年年末均能获得2万元收益，年利率为5%。三年以后共获得多少钱？

解析：

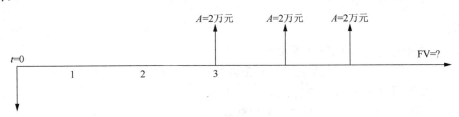

因为前两期没有进行支付，所以延期 $m=2$ 年，而后真正支付的期限为 $n=3$ 年，所以 $FV=A\times(F/A,i,n)=2\times(F/A,5\%,3)=2\times 1.157\,6=2.315\,2$（万元）。

6. 递延年金现值

递延年金现值又称延期年金现值，是指第一次首付款发生时间不在第一期，而在第二期或第二期以后才开始发生的系列等额收付款项现值之和，其公式如图2-10所示。

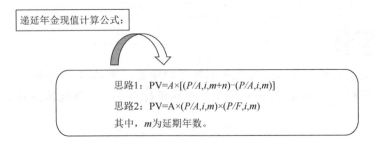

图2-10 递延年金现值计算公式图

案例指导 2-21

何一准备投资一个项目，前两年没有获得收益，后三年每年年末均能获得 2 万元收益，年利率为 5%。现在投资多少钱最为合算呢？

解析：

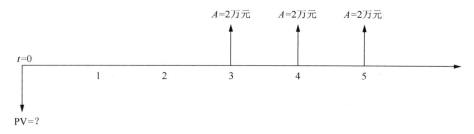

思路 1：因为前两期没有进行支付，所以延期 $m=2$ 年，而后真正支付的期限为 $n=3$ 年，因此，将前两年的收益进行补充，得到（$m+n$）期的普通年金，在减去 m 期的普通年金，就是此时的递延年金。计算公式如下：

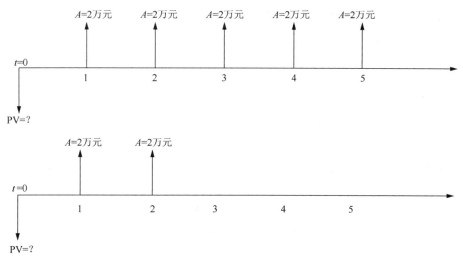

$$PV=A\times[(P/A,I,m+n)-(P/A,I,m)]$$
$$=2\times[(P/A,5\%,5)-(P/A,5\%,2)]$$
$$=4.94（万元）$$

思路 2：因为前两期没有进行支付，所以延期 $m=2$ 年，而后真正支付的期限为 $n=3$ 年，因此，先将连续支付的 n 期的普通年金折现到 n 的期初，求出现值，在将现值作为 m 期的终值，折现到 $t=0$ 时点，

$$PV=A\times(P/A,I,n)\times(P/F,I,m)=4.94（万元）$$

7. 永续年金现值

永续年金现值是指一定时期内无限期等额收付的项的复利现值之和，它与普通年金很像，不同的是期限为 n 期。其计算公式如图 2-11 所示。

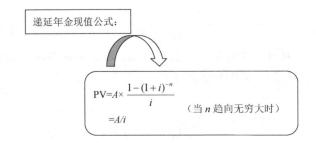

图 2-11 永续年金现值计算公式图

案例指导 2-22

北京某大学在 2018 年成立一个慈善基金,要求本金不动买入长期国债,其中国债的年息 5%,每年年底想得到利息 20 万元,利息作为奖学金发放给学生。此基金需要存入的本金为多少?

解析:

由于永续年金是指无限期等额收付的年金,可视为普通年金的特殊形式,即期限趋于无穷的普通年金。因此可以利用普通年金现值公式计算,不同是的,期限 n 趋向于无穷大。

$$PV = A \times \frac{1-(1+i)^{-n}}{i} \quad (当 n 趋向无穷大时)$$

$$= A/i$$

$$= 10/5\% = 200(万元)$$

三、年金计算的技能实训

技能实训 2-1

债券发行价格的确定

甲公司于 2017 年 1 月 1 日发行 3 年期公司债券,该债券的面值为 5 000 万元,票面年利率为 5%,利息按年支付,到期归还本金。已知同类债券的市场年利率为 4%,则甲公司债券的发行价格为多少万元?

解析:

方法 1:$250 \times (P/A, 4\%, 3) + 5\,000(P/F, 4\%, 3) = 250 \times 2.775\,1 + 5\,000 \times 0.889\,0 = 5\,138.78(万元)$

方法 2:$250 \times (P/F, 4\%, 1) + 250 \times (P/F, 4\%, 2) + 5\,250 \times (P/F, 4\%, 3) = 5\,138.78(万元)$

方法 3:$250 \times (P/A, 4\%, 2) + 5\,250 \times (P/F, 4\%, 3) = 5\,138.78(万元)$

技能实训 2-2

购置固定资产金额的计算

某企业准备购买一处办公用楼,有三个付款方案可供选择,假设该企业投资要求报酬率 10%。

A 方案：一次性付款 1 000 万元。

B 方案：从现在起每年年末付款 165 万元，一直到第 10 年。

C 方案：头 3 年不付款，从第 4 年年初到第 10 年年初，每年付款 200 万元。

通过计算说明，公司应该选择哪个付款方案最为合理，假设公司资金足够。

解析：

A 方案：付款总现值=1 000(万元)

B 方案：付款总现值=165×(P/A,10%,10)=1 013.859(万元)

C 方案：付款总现值=200×[(P/A,10%,7−1)+1]×(P/F,10%,3)=804.69(万元)

或者 C 方案付款总现值=200×(P/A,10%,7)×(P/F,10%,2)=804.69(万元)

综上所述，应选择 C 方案。

学习情境三

风险的识别与衡量

1. 了解风险的含义与种类;
2. 掌握风险的识别过程;
3. 运用风险衡量方法对企业进行风险分析;
4. 识别企业风险并找到应对方法。

"世纪并购"下的企业风险

2017年7月10日,一次"世纪并购"正在开启,万达商业、融创中国联合公告称,万达拟以295.75亿元将13个"文旅项目"的91%股权转让给融创。"融创房地产集团"以335.95亿元收购万达76个酒店。收购合计金额达到631.7亿元。根据公告,涉及项目包括西双版纳万达文旅项目、青岛万达文旅项目、广州万达文旅项目、成都万达文旅项目等13个文化旅游城项目股权转让及北京万达嘉华、武汉万达瑞华等76个酒店转让协议。万达以注册资本金的91%(即295.75亿元)将前述13个文旅项目的91%股权转让给融创,并由融创承担项目的现有全部贷款。融创房地产集团以335.95亿元收购前述76个酒店。

并购后的企业交割并不是很顺利,在收购过程中企业面临很多的财务风险。在2017年10月11日,融创宣布已经接收前两批项目、8个万达城,剩余5个万达城延迟至12月31日。在2017年12月31日,融创宣布交割再度延迟,其中8个项目完成资产交割,另外5个项目的交割事宜却一拖再拖,交割日期至2018年4月30日。

此次的"世纪并购"对于融创是一种挑战,挑战了企业资金实力、负债压力、企业信誉,同时可能带来巨大的项目风险。根据此时的情况,请思考以下几个问题:

1)项目交割时产生的风险对于企业来说是市场风险还是企业特有风险?

2)收购项目数量多、体量大,收购需要准备和编织审核财务资料、企业估值报告及其他资料,这是企业的经营风险还是财务风险?

3)如何识别这些风险?怎样防范风险?

4）针对以上的风险企业如何应对？
5）从企业识别风险到应对风险，给其他企业带来哪些启示？

预备知识　风险概述

一、风险的含义

风险一般是指某一行动的结果具有变动性。从不同的角度，风险的含义具有不同的特性。基于财务管理角度，风险是指企业在各项财务活动过程中，由于各种难以预料或难以控制因素的作用，企业的实际收益与预计收益发生背离，从而蒙受经济损失的可能性。

二、识别风险的意义

企业生存环境受到企业外部与内部等多种多样、错综复杂的不确定因素的影响，有的是静态的，有的是动态的；有的是潜在的，有的是已经存在的。因此需要了解企业的风险，利用科学的方法进行有效的风险识别分析，风险管理通过风险识别，可以识别出可能对项目进展有影响的风险因素、性质及产生的条件，并据此衡量风险的大小，作为制定企业风险应对计划的依据，控制风险大小，为企业获得收益保驾护航。

三、风险价值的类型

企业财务活动伴随着风险，其中企业资金筹资和投资活动是典型的风险活动。要研究风险，首先要了解企业的风险价值。风险价值具体有两种类型，如图 3-1 所示。

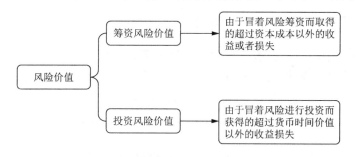

图 3-1　企业风险价值的类型

四、风险价值的表示方法

风险价值有两种表示方法，第一种是利用风险收益额表示，第二种是利用风险收益率表示，具体如图 3-2 所示。

对于风险价值表示的方法，风险收益额是一种相对数，表示的是企业的资产收益总额，如利息、红利、股息收益。而风险收益率是绝对数，一般表示企业资产的收益率或者报酬率，如每股收益、净资产收益率。在财务管理中风险的价值一般用三种收益率来衡量，具体的表示方法如表 3-1 所示。

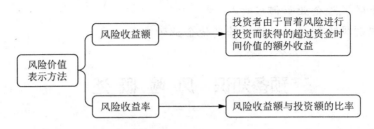

图 3-2 风险价值表示方法

表 3-1 风险价值中资产收益率的类型

类型	含义
必要收益率	必要收益率=无风险收益率+风险收益率=纯粹利率+通货膨胀补贴+风险收益率
预期收益率	在不确定条件下，预测的某种资产未来可能实现的收益率
实际收益率	已经实现或确定可以实现的资产收益率

任务一 识别风险

在企业财务经营中，风险伴随着企业财务活动应运而生，企业风险指未来的不确定性对企业实现其经营目标的影响，一般用事件后果和发生可能性的组合来表达。从不同的角度识别企业的风险，是企业风险管理的首要环节，为企业衡量风险奠定了一定的基础，只有识别企业风险，才能有利于企业优化资源配置，利用不确定性创造更大价值。

一、从企业风险内容角度识别风险

在企业财务管理中，主要有五大风险，具体如表 3-2 所示。只有全面有效地识别风险，才能有助于企业进行有针对性的风险管理。

表 3-2 从企业风险内容角度划分的风险类型

风险类型	含义
战略风险	影响整个企业的发展方向、企业文化、信息和生存能力或企业效益的不确定因素带来的风险
财务风险	公司财务结构不合理、融资不当而导致投资者预期收益下降的风险
市场风险	未来市场价格的不确定性对企业实现其既定目标的影响带来的风险
运营风险	企业因外部环境的变动性，以及主体对环境的认知能力和适应能力的有限性，而导致的运营失败带来的风险
法律风险	企业因法律环境发生变化，或因企业对法律了解不够，而导致企业造成负面法律后果带来的风险

二、从企业投资角度识别风险

从企业投资角度划分，常见的风险如表 3-3 所示。

表 3-3　从企业投资角度划分的风险类型

风险类型	含义
外部风险	主要指企业外部环境变动所引起的风险，主要有法律风险、政治风险和经济风险等，它们之间相互影响、相互联系
内部风险	企业的内部风险源自企业自身的经营业务，包括企业战略的制定、财务的运行和经营的活动等方方面面的风险。与外部风险相比，内部风险一般更容易识别和管理，并可以通过一定的手段来降低风险和控制风险

三、识别风险的技能实训

案例指导 3-1

2017 年 2 月，中国最大的时尚零售商、最大鞋业集团百丽国际交出私有化前的最后一份业绩报告。在截至 2017 年 2 月 28 日的 12 个月内，百丽国际销售额增长 2.2% 至 417 亿元，但经营利润同比大跌 15.4% 至 35.5 亿元，净利润则重挫 18% 至 24 亿元。"百丽国际"上市以来连续两年利润大幅下滑，其在中国鞋业市场长达 7 年的称霸时代宣告终结。

中国百货业在 2006 年达到巅峰，"百丽国际"于 2007 年 5 月在中国香港成功上市。上市当日冻结资金高达 4 460 亿港元，创下香港股票市场公开发售冻结资金的最高纪录。"百丽国际"逐渐成长为中国内地最大的鞋类与时尚零售商，市值一度超过 1500 亿港元。上市后，"百丽国际"在资本的推动下，依靠着多品牌的"圈地"战略，曾经占据中国"女鞋"近一半的市场，消费者走进商场看到的过半数鞋类专柜都是集团旗下的品牌，无论消费者选择哪个品牌，最终收益都归"百丽国际"所有。2010—2012 年，"百丽国际"保持着每年净增门店数目 1 500～2 000 家的速度在国内迅速扩张，高峰时期平均不到两天就会增加一个新门店，员工总数一度超过 12 万人。正如业界人士指出，在中国的鞋类服饰品牌中，每逢十年就会遇到一道坎，从 2013 年开始，"百丽国际"业绩开始下滑，市值蒸发了近 80%。近年来，"百丽国际"的鞋类业务遭遇了前所未有的挑战。2017 年 4 月 28 日，"百丽国际"集团正式宣布私有化，由"高瓴资本集团"牵头、鼎晖投资以及"百丽国际"执行董事于武和盛放参与组成的财团，宣布向"百丽国际"提出私有化建议，建议收购总价 531 亿港元。至此，2007 年即在香港联交所上市的鞋王"百丽国际"的上半场落幕，开启了二次创业升级转型的征程。"百丽国际"希望通过此次私有化运作，借助高瓴、鼎晖的资金支持和运营资源，为转型发展赢得关键窗口期。将面临。

（资料来源：http://www.cclycs.com/z74615.html.）

问题：

1）"百丽国际"在企业运营中遇到哪些风险？哪些风险导致了一代鞋王的陨落？

2）高瓴集团胆量接盘，在收购中遇到哪些风险？

解析：

1）"百丽国际"在企业运营中会遇到诸多风险。

① 外部风险。经济环境变化导致了企业发展的变化，快速发展的电商平台为顾客提供了便捷的服务、具有吸引力的价格以及更广大的产品选择范围，因此不断提升其在整

体鞋类市场的份额。在实体零售持续不景气的大环境下,面对日趋高昂的商场租金和员工薪水,"百丽国际"最终选择了关店策略,仅 2016 年 6—8 月短短三个月间,"百丽国际"在内地关闭了 276 家门店,相当于平均每天关店 3 家。"百丽国际"曾经引以为傲的"圈地"战略恰恰成为集团最大的累赘,庞大的店铺网络与超过 10 万的员工数量成为压垮"百丽国际"的最后一根稻草。

② 内部风险。在市场出现巨大变化情况下,企业没有及时预判和找到正确的转型路径。企业经营战略没有成功转型,企业战略的制定不正确,即没有有效结合当前的电商时代制定自己的战略,同时后期实体店经营管理财务状况不佳,企业财务资金的运行存在问题等。

2)高瓴集团胆量接盘,在收购中遇到的风险有战略风险、财务风险、经营风险、市场风险等。

① 战略风险。面临行业和社会大势的双重压力,企业要更改以往的企业战略,重新制定有效的适应本企业的战略。公司的当务之急是转型。要让公司枝叶长青,目前是进行根本性改变的合适时机。投入集团的长期资本,结合企业在数字化和公司运营方面的深厚经验,必定可以帮助"百丽国际"通过施行必要的变革,在网络时代重获生机。

② 财务风险。企业并购需要投入大量的资本,需要强大的资金支撑。

③ 经营风险。企业运营中离不开经验、技术、人才、管理。只有资源优化整合,进行全渠道、新零售的有益尝试,才能为企业后续经营提供良好的帮助。

④ 市场风险。对于未来前景,该企业具有不确定性。

任务二 衡量风险

一、风险价值衡量

企业在识别风险后就要进行风险价值衡量,对于风险的衡量,由于风险与概率有直接的关系,风险衡量可以用概率的方法来计算。计算过程如图 3-3 所示。

企业对于风险的衡量,标准离差属于绝对额指标,适用于单一方案的选择,不适用于多方案的选择;而标准离差率属于相对数指标,常用于多方案的选择。具体如表 3-4 所示。

表 3-4 风险衡量计算公式

指标	计算公式	结论
期望值 $\bar{E}$	$\bar{E} = \sum_{i=1}^{n} x_i p_i$	反映预计收益的平均化,不能直接用来衡量风险
方差 δ^2	$\delta^2 = \sum_{i=1}^{n}(x_i - E)^2 \cdot p_i$	期望值相同的情况下,方差越大,风险越大
标准离差 δ	$\delta = \sqrt{\sum_{i=1}^{n}(x_i - E)^2 \cdot p_i}$	期望值相同的情况下,标准差越大,风险越大
标准离差率 v	$v = \dfrac{\delta}{E}$	期望值不同的情况下,标准离差率越大,风险越大

注:x 表示随机事件;p 表示出现该种结果的相应的概率。

某一事件在完全相同的条件下可能发生也可能不发生，既可能出现这种结果又可能出现那种结果，我们称这类事件为随机事件。概率就是用百分数或小数来表示随机事件发生可能性及出现某种结果可能性大小的数值

期望值是一个概率分布中的所有可能结果，以各自相应的概率为权数计算的加权平均值，是加权平均的中心值。计算出资金收益额与资金收益率的期望值 E

标准离差是反映各随机变量偏离期望收益值程度的指标之一，以绝对额反映风险程度的大小

风险收益率是标准离差率与风险价值系数的乘积。根据预测相关数据先分析各种可能情况的概率和可能获得的资金收益或者收益额，根据预测的相关历史数据先分析企业各种可能的情况概率和可能后的资金收益率或者收益额。

图 3-3　资金风险价值衡量过程图

标准离差率可以反映投资者所冒风险的程度，但无法反映风险与收益间的关系。由于风险程度越大，得到的收益率也应越高，而风险收益与反映风险程度的标准离差率成正比例关系。风险收益率的计算过程如图 3-4 所示。

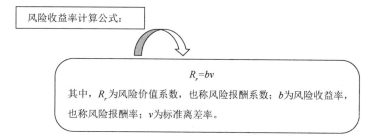

风险收益率计算公式：

$$R_r = bv$$

其中，R_r 为风险价值系数，也称风险报酬系数；b 为风险收益率，也称风险报酬率；v 为标准离差率。

图 3-4　风险收益率计算公式图

通过以上方法将投资决策的方案加以量化后，决策者便可据此做出决策。

1）对单个方案往往是将该方案的标准离差（或标准离差率）与企业设定的标准离差（或标准离差率）的最高限值比较，当前者小于或等于后者时，该方案可以被接受，否则予以拒绝；

2）对多个方案则是将该方案的标准离差率与企业设定的标准离差率的最高限值比较，当前者小于或等于后者时，该方案可以被接受，否则予以拒绝。只有这样，才能选择标准离差最低、期望收益最高的最优方案。

案例指导 3-2

红星公司是数码行业企业之一,业绩在行业中处于中间位置,为了适应目前的互联网的快速发展,企业投资生产了一种新型数码产品A,根据企业前期历史数据与市场前景,预测出企业在不同的市场情况下,各种可能的收益及概率如表3-5所示。试对企业的风险进行衡量。

表 3-5　A 产品预期收益及概率分布

市场情况	年收益 X_i(万元)	概率 p_i
繁荣	8	0.3
正常	6	0.5
疲软	3	0.2

解析：

由表3-5可知,所有的概率 p 值都在0和1之间,且 $p_1+p_2+p_3=1$。

1) $\bar{E} = \sum_{i=1}^{n} x_i p_i = 8 \times 0.3 + 6 \times 0.5 + 3 \times 0.2 = 6 (万元)$

2) $\delta = \sqrt{\sum_{i=1}^{n}(x_i - E)^2 \times p_i}$
   $= \sqrt{(8-6)^2 \times 0.3 + (6-6) \times 0.5 + (3-6)^2 \times 0.2} = \sqrt{1.2 + 1.8} = 1.732 = (万元)$

3) $v = \dfrac{\delta}{E} = 1.73/6 = 0.29$

二、风险价值衡量的技能实训

技能实训 3-1

家电企业风险价值衡量

2017年度,世界经济延续复苏态势,国家在推出"供给侧结构性改革",经济形势趋稳向好。中国家电行业继续在"新常态"下前行,家电市场消费升级良好态势、产品结构持续优化,由于环保节能类产品所占市场份额仍然很低,市场空间足以支撑快速增长。ABC公司是国内一家家电企业,2017年该公司适应时代变化,在公司董事会的领导下,通过不断研发创新,产品结构升级,增加环保节能新产品和高附加值产品的生产,公司实现了冰箱压缩机零配件业务和军工电子业务的稳健发展,各项工作均按计划有序进行。现阶段该公司有A、B两个投资项目,两个投资项目的收益率及其概率分布情况如表3-6所示。

表 3-6　A 项目和 B 项目投资收益率的概率分布

项目实施情况	该种情况出现的概率		投资收益率	
	项目 A	项目 B	项目 A	项目 B
好	0.2	0.3	15%	20%
一般	0.6	0.4	10%	15%
差	0.2	0.3	0	-10%

要求：

1）估算两项目的预期收益率。
2）估算两项目的方差。
3）估算两项目的标准离差。
4）估算两项目的标准离差率。

解析：

1）项目 A 的期望投资收益率=(0.2×0.15+0.6×0.1+0.2×0)×100%=9%。
   项目 B 的期望投资收益率=[0.3×0.2+0.4×0.15+0.3×(-0.1)]=9%。
2）项目 A 的方差=0.2×(0.15-0.09)×2+0.6×(0.10-0.09)×2+0.2×(0-0.09)×2=0.002 4。
   项目 B 的方差=0.3×(0.20-0.09)×2+0.4×(0.15-0.09)×2+0.3×(-0.10-0.09)×2=0.015 9。
3）项目 A 的标准离差=0.049。
   项目 B 的标准离差=0.126。

以上计算结果表明项目 B 的风险要高于项目 A 的风险。

4）项目 A 的标准离差率=0.049/0.09×100%=54.4%。
   项目 B 的标准离差率=0.126/0.09×100%=140%。

任务三 应 对 风 险

一、应对风险的策略

企业在识别与衡量相关的风险之后，企业管理者主要解决的就是应对风险。针对风险的存在企业在应对时可以采取多种方式。应对风险的措施有四种：规避风险、接受风险、降低风险和分担风险，具体如表 3-7 所示。

表 3-7 风险对策分析表

风险对策	含义	方法举例
规避风险	通过避免受未来可能发生事件的影响而消除风险	通过公司政策、限制性制度和标准，阻止高风险的经营活动、交易行为、财务损失和资产风险的发生。通过撤出现有市场或区域，或者通过出售、清算、剥离某个产品组合或业务，规避风险
接受风险	包括风险自担和风险自保两种	风险自担，是指风险损失发生时，直接将损失摊入成本或费用，或冲减利润；风险自保，是指企业预留一笔风险金或随着生产经营的进行，有计划地计提资产减值准备等
降低风险	利用政策或措施将风险降低到可接受的水平	将金融资产、实物资产或信息资产分散放置在不同地方，以降低遭受灾难性损失的风险。借助内部流程或行动，将不良事件发生的可能性降低到可接受的程度，以控制风险
分担风险	对可能给企业带来灾难性损失的资产，企业应以一定代价，采取某种方式将风险转移给资金雄厚的独立机构	向保险公司投保：在明确的风险战略的指导下，与资金雄厚的独立机构签订保险合同。 采取合资、联营、联合开发等措施实现风险共担；通过技术转让、租赁经营和业务外包等实现风险转移

二、应对风险的技能实训

案例指导 3-3

长安汽车集团是中国知名汽车制造企业,中国品牌汽车领导者。2017年,长安集团坚定"2025愿景"战略信念,坚持改革创新,推动转型升级,坚决打造极致梦幻、令人尖叫的经典产品,推动规模效益提升,坚决完成全年生产经营任务。公司董事会的经营目标是,2017年实现产销汽车超过330万辆。为实现公司战略目标,2017年度公司预计资本性支出为65.37亿元,其中固定资产投资56.21亿元,股权投资9.16亿元。固定资产投资主要集中在产能建设投资、产品结构调整建设投资、研发能力建设投资、物流及基础设施建设投资、安全环保技术改造投资、技改项目投资。股权投资主要为海外产能建设及市场拓展项目、海外研发条件提升项目、新能源和智能化产业化项目等。公司将根据新增项目实施规划和上市规则相关规定履行相应具体项目的审批程序并进行披露。资金需求将根据项目进度情况,结合公司经营及融资环境状况,研究制定多种渠道的资金筹措计划和资金使用计划,提高资金使用效率,降低资金成本。公司以"直击痛点、增收节支、改革创新、整体提升"为关键,做到以下几点:第一,强力推动七大改革创新;第二,加强营销改革创新和能力建设;第三,精益产品策划,加快研发与技术实现;第四,降本增效,精益效益管理;第五,以订单到货时间为主线进行全产业链精益制造;第六,抓质量,持续提升顾客满意度;第七,聚焦创新传播,推进品牌持续向上;第八,持续推进客户经营,打造客户生态圈;第九,着力提升工艺体系能力;第十,加快体系提升与精益管理,实施深度信息化。

试问在面对新挑战、新机遇的情况下,长安汽车集团面临哪些风险?如何应对这些风险?

解析:

2017年,长安汽车集团面临市场、政策和法规、中国品牌发展体制机制、商业模式五项风险。

1)市场风险:新车频繁推出,价格战、阵地战不断上演,未来发展空间缩小。

应对措施:抓住未来三年关键时期,快速提升自主规模,同时积极拓展海外市场,增强国际市场竞争力。

2)政策和法规风险:政策、法规持续收严,给技术、成本带来一系列挑战。

应对措施:紧跟政策趋势,加强政策研究,做好应对预案。

3)中国品牌发展风险:合资品牌价格下探,对中国品牌性价比及向上发展形成巨大挑战,且投入不足,向上发展困难。

应对措施:创新模式,加快战略转型,整合优势资源,快速发展。

4)体制机制风险:体制机制需逐步改革优化,效率、活力需进一步提升,适应充分市场竞争的体制机制还不够完善。

应对措施：大力推进全面深化改革，着力提升效率，激发活力、内生动力，从机制上构建核心竞争力。

5）商业模式风险：随着智能互联、大数据等技术的快速发展，互联网企业纷纷进军汽车产业，改变传统商业模式。

应对措施：以客户为中心，研究"互联网+"下的新商业模式，推进向现代制造服务型企业转型，打造汽车生态圈。

学习情境四

预算编制与方法

1. 了解预算的特征与作用；
2. 掌握预算的编制方法；

华润集团的全面预算管理

在 2017 年《财富》世界 500 强排行榜中，华润集团名列第 86 位。华润集团现阶段已经成为中国内地和香港最具实力的多元化企业之一，旗下拥有七大业务板块，全部分布于竞争性领域。

华润集团实行全面预算管理较早，在不断摸索和借鉴国外先进经验的情况下，华润集团已经形成了较为完善的预算管理体系，并且建立了 6S（System，体系）管理模式，即业务战略体系、全面预算体系、业绩评价体系、内部审计体系、经理人考评体系和管理报告体系。6S 可以称得上是一个全面预算管理体系，但它也可以进行评价考核、业务检测等，实现多种功能，是一个综合性的管理体系。集团的管理者通过 6S 管理模式进行管理，使集团管理更加规范化、科学化，同时，层层落实责任，使企业整体运行十分有序，更好地促使集团实现长远战略目标。

华润集团创新性地实行全面预算管理，将战略目标量化，以企业长远发展为导向，将业务单元作为细化单位，通过采取不断完善制度、组建委员会、引入先进理念、进行方法创新和提升信息技术水平等手段，已经形成了一套较为完善的全面预算管理体系，从而达到控制成本、优化管理的目的，最终实现良好的经营成果。华润集团全面预算主要包括三个组成部分，即营运、资本性支出和财务三个部分的预算。在华润集团，营运预算也称经营方面的预算或投资预算，是为企业管理者在进行投资决策和了解企业经营成果及财务状况时使用的，用以实现企业长远目标。而财务支出和收入预算管理，是以前两项预算管理为依托的，在进行整理和编制后，形成各类财务数据，用于上市公司财务信息披露和使用。

思考：

1）华润集团如何创新性地实行全面预算管理？
2）全面预算管理如何编制？有何作用？

预备知识　预 算 概 述

一、预算的定义、特征与作用

预算管理作为企业建立科学管理体系的核心,逐渐成为我国企业应用面最广、应用量最大的管理会计方法,但在应用的深度上,许多企业距离实现全面预算管理尚有不小的差距。

随着管理会计应用日益广泛,越来越多企业的预算管理已经或正在迈入全面预算阶段。具体预算的定义、特征、作用如图 4-1 所示。

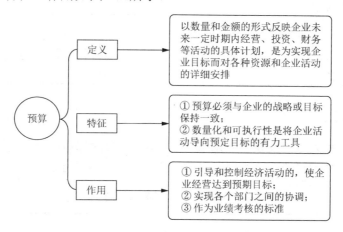

图 4-1　预算的定义、特征、作用

二、预算的分类

企业预算可按照不同标准进行分类,如根据预算的内容、预算的时间进行划分等,具体如表 4-1 所示。

表 4-1　预算的分类

分类标准	具体预算
预算的内容	业务预算(经营预算)、专门决策预算和财务预算
预算的时间	长期预算——预算期在一年以上; 短期预算——预算期在一年以内(含一年)

下面主要介绍按预算的内容划分的预算种类。

（一）业务预算

业务预算是指以公司经营预算目标为基础,分析用户需求、资费标准、市场份额和市场竞争情况,对预算年度各业务的用户发展数量等进行预测,并以此为起点编制的业务收入预算。同时根据业务发展需要,预测业务促销、委代办等支出,编制业务发展费用预算,最后形成业务预算。业务预算包括七项预算,具体如表 4-2 所示。

表 4-2 业务预算的组成

预算项目	编制依据	计算公式
销售预算	年度目标利润所规定的销售量或目标销售额	销售预算量=目标销售量（已知）
生产预算	在预算期内安排生产数量的计划	预计生产量=计划销售量+计划期末预计存货量-计划期初存货量
直接材料采购预算	在预算期内生产预算所确定的材料采购数量和材料采购金额的计划	预计购料量=生产需要量+计划期末预计存料量-计划期初预计存料量
直接人工预算	生产预算	预计直接人工成本总额=预计产量×Σ（单位工时工资率×单位产品工时定额）
制造费用预算	生产成本中扣除直接材料和直接人工以外的一切费用明细项目	现金支出费用=变动性制造费用+固定性制造费用-折旧
单位产品成本预算	直接材料、直接人工、变动制造费用	单位产品=直接材料+直接人工+变动制造费用
销售及管理费用预算	根据计划期的一定业务量、销售收入、销售及管理相关的指标	销售及管理费用=变动性销售及管理费用+固定性销售及管理费用

（二）财务预算

财务预算是一系列专门反映企业未来一定期限内预计财务状况和经营成果，以及现金收支等价值指标的各种预算的总称。财务预算的组成如表 4-3 所示。

表 4-3 财务预算的组成

预算项目	定义	编制依据
现金预算	用于预测企业还有多少库存现金，以及在不同时点上对现金支出的需要量	确定现金收入，计划现金支出，编制现金预算表
预计利润表	综合反映预算期内企业经营活动成果的一种财务预算	根据销售、产品成本、费用等预算的有关资料编制的预计利润分配表、预计资产负债表、预计现金流量表

（三）专门决策预算

专门决策预算又称特种决策预算，是指企业为不经常发生的长期投资项目或者一次性专门业务所编制的预算，如表 4-4 所示。专门决策预算通常是指与企业投资活动、筹资活动或收益分配等相关的各种预算。

表 4-4 专门预算的组成

预算项目	含义
资本预算	针对企业长期投资决策编制预算，包括固定资产投资预算、权益性资本投资预算和债券投资预算
一次性专门业务预算	主要有资金筹措及运用预算、交纳税金与发放股利预算等

三、预算工作的组织结构

预算管理组织，是指负责企业集团预算编制、审定、监督、协调、控制与信息反馈、业绩考核的组织机构，其中居于主导地位的是母公司董事会及预算管理委员会。预算管理委员会是实施全面预算管理的最高决策和管理机构,以预算会议的形式审议出资者各所属单位的预算草案。该委员会是董事会的一个专门委员会,主任由董事长兼任,委员由董事会其他成员兼任,董事长助理兼任执行委员。委员会下设办公室,负责日常预算事务的处理,由集团财务总监兼任办公室主任,成员由财务各经理、人事、行政等各部门负责人兼任,预算的日常管理工作由办公室成员单位具体负责执行。各实体单位设立预算工作小组,组长由各实体单位财务负责人兼任,成员由各实体单位部门负责人兼任。实体各部门要设置专门的预算管理员。预算工作的组织包括决策层、管理层、执行层和考核层,具体任务与权力如表4-5所示。

表4-5 预算工作组织结构

负责机构	具体任务、权力和职责	所属层次
董事会、总经理办公会或类似机构	对企业预算管理负总责,并对企业法定代表人负责	决策层
预算管理委员会或财务管理部门	拟订目标、审议、平衡预算方案;组织下达预算,协调解决问题,组织审计、考核	管理层和考核层
财务管理部门	跟踪管理,监督执行,分析差异及原因,提出改进管理的意见与建议	
企业内部各职能部门	其主要负责人参与企业预算委员会的工作,并对本部门预算执行结果承担责任	执行层
企业所属基层单位	其主要负责人对本单位财务预算的执行结果承担责任	

四、预算的编制程序

财务预算编制的行为模式包括自上而下、自下而上和上下结合三种方式。它们分别适用不同的企业环境和管理风格,并各具优缺点。企业编制预算,一般应按照"上下结合、分级编制、逐级汇总"的程序进行,具体如表4-6所示。在我国目前的实践中,上下结合式是一种理性的选择。

表4-6 预算编制程序

程序	负责机构	具体内容
下达目标	董事会、总经理办公会或类似机构	企业发展战略和预算期经济形势的初步预测,在决策的基础上,提出下一年度企业预算目标
	预算管理委员会	将预算目标下达各预算执行单位
编制上报	预算执行单位一般指企业内部各职能部门、企业所属基层单位	提出详细的本单位预算方案,上报财务管理部门
审查平衡	财务管理部门	审查、汇总各单位预算方案,提出综合平衡的建议
	预算管理委员会	充分协调"审查平衡",并反馈给有关预算执行单位予以修正
审议批准	预算管理委员会	责成有关预算执行单位进一步修订、调整不合理之处
	财务管理部门	在预算执行单位修正调整的基础上,编制出企业预算方案,报预算管理委员会讨论; 企业财务管理部门正式编制企业年度预算草案
	董事会或总经理办公会	审议批准年度预算
下达执行	财务管理部门	一般在次年3月底以前,将审议批准的年度总预算分解成一系列指标体系
	预算管理委员会	逐级下达各预算执行单位执行

顾名思义,上下结合式博采两式之长,在财务预算编制过程中,经历了自上而下和自下而上的往复。而采用这一程序的关键点,并不在于其中上与下的偏重,而是上与下如何结合、

其对接点如何确定的问题。为了充分发挥分部的主观能动性，又尽可能提高财务预算编制的效率，我们主张财务预算目标应自上而下下达，财务预算编制则应自下而上地体现目标的具体落实，各责任部门通过编制财务预算需要明确"应该完成什么，以及应该完成多少"的问题。因此，财务预算的编制过程是各责任单位的资源、状况与企业财务预算目标相匹配的过程，是企业财务预算目标按部门、按业务、按人员分解的过程。采用此模式的优点在于：

1）能够有效保证企业总目标的实现。

2）按照明确分解目标，体现了公平、公正的原则，避免挫伤"先进"，保护落后。

3）财务预算的编制必须以目标的实现为前提，避免了财务预算编制过程中的"讨价还价""宽打窄用"，提高了财务预算编制效率。

任务一　预算的编制方法

对于企业来说，根据企业自身的类型和特点来选择预算编制方法是至关重要的，不同的预算编制方法适用于某种特定类型的企业。企业内的预算编制也需要根据预算的类型选取不同的编制方法。根据现阶段的财务管理的发展情况，企业在预算管理中可以采用以下几种基础的预算方法：增量预算法与零基预算法、固定预算法与弹性预算法、定期预算法与滚动预算法。

一、增量预算法与零基预算法

1. 增量预算法

增量预算法，是指在基期成本费用水平的基础上，结合预算期业务量水平及有关降低成本的措施，通过调整原有关成本费用项目而编制预算的方法。该方法核算简单，以前期数据为基础，在过去数据的基础上根据现在的需要做一定的数据调整，而非内容上的调整。

企业在进行增量预算编制时，要满足三点前提假设：第一，企业当前财务管理活动是合理有效的，在一定范围内暂时不需要对企业当前业务活动的内容进行调整；第二，企业经营业务涉及多项开支，在一定范围内企业的各项业务开支水平都在合理范围内，在预算期予以保持在现有水平；第三，企业以现有业务活动和各项活动的开支水平为基础，确定预算期各项活动的预算数。

案例指导 4-1

中国船舶工业股份有限公司是国内上市公司，主营大型造船、修船、海洋工程、动力及机电设备等业务板块，具有完整的船舶行业产业链。公司推出一系列大型绿色环保船型和船机新产品，持续引领海洋工程高精尖技术的发展。该公司 2016 年财务报表中数据显示，企业的管理费用销售费用是 20 471 万元，同比增加了 20.26%，假设企业的增长比率不变，请按照增量预算编制方法计划年度 2017 年的销售费用。

解析：

计划年度 2017 年的销售费用预算=20 471×（1+20.26%）=24 618.42（万元）

2. 零基预算法

零基预算法，是指在编制预算时，对于所有的预算支出以零为基础，不考虑其以往情况，从实际需要与可能出发，研究分析各项预算费用开支是否必要、合理，进行综合平衡，从而确定预算费用。采用零基预算法编制预算时有特定的编制程序，具体如图 4-2 所示。

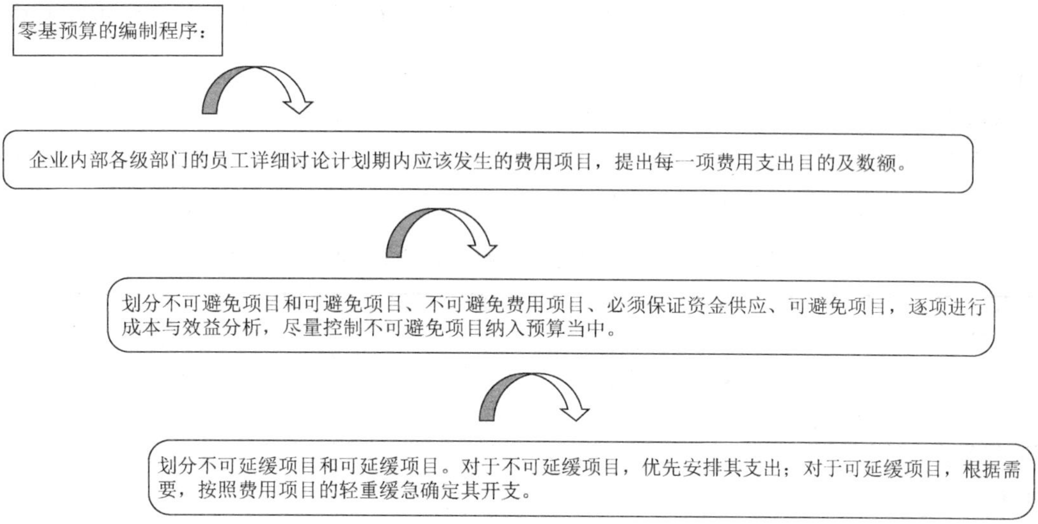

零基预算的编制程序：

企业内部各级部门的员工详细讨论计划期内应该发生的费用项目，提出每一项费用支出目的及数额。

划分不可避免项目和可避免项目、不可避免费用项目、必须保证资金供应、可避免项目，逐项进行成本与效益分析，尽量控制不可避免项目纳入预算当中。

划分不可延缓项目和可延缓项目。对于不可延缓项目，优先安排其支出；对于可延缓项目，根据需要，按照费用项目的轻重缓急确定其开支。

图 4-2 零基预算的编制程序

3. 增量预算法与零基预算法的对比

增量预算与零基预算法的对比如表 4-7 所示。

表 4-7 增量预算与零基预算的对比

方法		特点
增量预算法	优点	计算简便
	缺点	可能导致无效费用开支项目无法得到有效控制；可能使原来不合理的费用继续开支而得不到控制，造成预算上的浪费
零基预算法	优点	不受现有费用项目的限制；不受现行预算的束缚；能够调动各方面节约费用的积极性；有利于促使各基层单位精打细算，合理使用资金
	缺点	编制工作量大

二、固定预算法与弹性预算法

1. 固定预算法

固定预算法又称静态预算法，是把企业预算期的业务量固定在某一预计水平上（如生产量、销售量等），以此为基础来确定其他项目预计数的预算方法。固定预算法适用于经营业务稳定、生产产品产销量稳定，且能准确预测产品需求及产品成本的企业，也可用于编制固定费用预算。

案例指导 4-2

东方日升新能源股份有限公司是一家新能源公司，股票代码为 300118，2017 年度全球"光伏"需求继续维持增长态势，"光伏"市场扩张与行业并购整合并行，行业集中度进一步提高。同时，随着太阳能政策引导、技术进步及产业升级加快，光伏产品成本显著降低，光伏发电规模化应用更为扩大。报告期内，公司产业产能利用率维持较高水平，产业规模稳步增长，技术水平进步显著，公司的盈利能力得到提升。公司主要经营业务是电池片、组件制造，为了更好地经营控制成本，假设公司编制了 2016 年的全年成本预算，该预算方式是固定预算，具体如表 4-8 所示。

表 4-8　2016 年度固定预算表　　　　　　　单位：元

产品分类	项目	实际结果	固定预算	差异①
光伏产品	原材料	3 035 633 077	3 000 000 000	35 633 077（F）
	直接人工	98 217 281	90 000 000	8 217 281（F）
	制造费用	205 535 839	210 000 000	4 464 161（U）

注：差异是指实际值与预算值的差额。如果差异使经营利润增加，则差异是有利差异（F）；如果差异使经营利润减少，则差异是不利差异（U）。

表 4-8 提供的信息限制，可能使预算和实际产量基础不一致，二者所形成的差异不能恰当地说明企业成本控制的情况。也就是说，表 4-8 所列的成本不利差异，究竟是由于产量增加而引起成本的增加，还是由于成本控制不利而发生的超支，很难通过固定预算与实际结构的对比正确地反映出来。为了弥补这一缺陷，发挥预算的真正作用，可按各种可能完成的业务量来编制预算。这种按各种可能完成的业务量来编制预算的方法就称为弹性预算法。

案例指导 4-3

ABC 公司编制了 2018 年第一季度的预算，此预算是一项固定预算，该预算保持在一个固定的销售量水平上，且在制定后不再调整。ABC 公司计算并列示了实际执行结果与预算的比较，如表 4-9 所示。

表 4-9　固定预算比较表

项目	实际结果	固定预算	差异①
销售数量/件	1 000	8 00	200
销售收入/元	20 000	16 000	4 000
减：成本/元	12 000	9 600	2 400
经营利润/元	8 000	6 400	1 600

根据表4-9，ABC第一季度的实际经营利润为8 000元，超出固定预算1 600元，也就是存在1 600元的有利差异。然而，这个有利差异来源于哪些方面？是单纯由于销售量上升引起的，还是因单价和成本等因素变动所引起的？表4-9中的比较结果并不能回答此问题，因为固定预算仅是基于销售量800件编制的，实际销售量却是1 000件。

2. 弹性预算法

弹性预算法，是在成本性态分析的基础上，依据业务量、成本和利润之间的联动关系，按照预算期内可能的一系列业务量（如生产量、销售量、工时等）水平编制的系列预算方法。这种预算法可以随着业务量的变化而反映各该业务量水平下的支出控制数，具有一定的伸缩性，因而称为弹性预算法。一般来说，可定在正常生产能力的70%~110%之间，或以历史上最高业务量和最低业务量为其上下限。弹性预算的方法有两种，一种是公式法，另一种是列表法。

（1）公式法

采用弹性预算的方法来编制时，其关键在于把所有的成本划分为变动成本与固定成本两大部分。变动成本主要根据单位业务量来控制，固定成本则按总额控制。成本的弹性预算公式为：成本的弹性预算=固定成本预算数+∑（单位变动成本预算数×预计业务量），用代数式表示如图4-3所示。

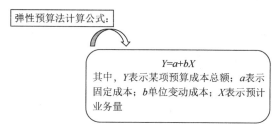

图4-3 弹性预算的计算公式

案例指导 4-4

某企业制造费用中的修理费用与修理工时密切相关。经测算，预算期修理费用中的固定修理费用为5 000元，单位工时的变动费用为5元，预计预算期的修理工时为3 500小时。试运用公式法，测算预算期的修理费用。

解析：

预算期的修理费用=固定成本预算数+∑（单位变动成本预算数×预计业务量）

= $a+bX$

=5 000+5×3 500=22 500（小时）

（2）列表法

列表法是指用列表的方式，在相关范围内每隔一定业务量范围计算相关数值的预算方法。具体如图4-4所示。

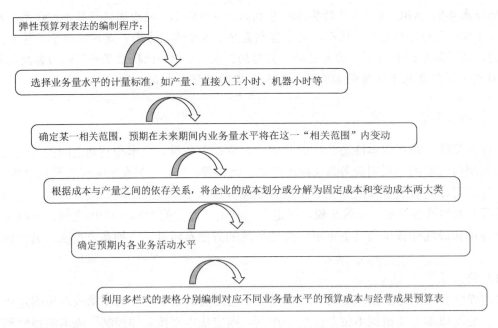

图 4-4 弹性预算列表法的编制程序

案例指导 4-5

ABC 公司为了更好地将实际结果与预算进行比较分析，编制了 2015 年第一季度的收入和成本的弹性预算，包括产品销售量分别为 5 000 件、8 000 件和 10 000 件时的预算情况。该公司产品的预计销售单价是 20 元，分析汇总后的预计变动成本（包括直接材料、直接人工、变动制造费用、变动销售和管理费用）是 12 元/件，预计固定成本（包括固定制造费用、固定销售和管理费用）为 4 000 元，弹性预算表如表 4-10 所示。

表 4-10 弹性预算表

项目	单位预算	销售数量		
		500/件	800/件	10 00/件
销售收入/元	20	10 000	16 000	20 000
变动成本/元	12	6 000	9 600	12 000
固定成本/元	—	4 000	4 000	4 000
总成本/元	—	10 000	13 600	16 000
经营利润/元	—	0	2 400	4 000

需要说明的是，在表 4-10 中，在 ABC 公司的产品销售量介于 500～1 000 件的相关范围时，销售收入和变动成本随着产品销售量的增加而增加，而固定成本保持不变，总成本则为固定成本与变动成本的总和。当超出相关范围时，此关系将会发生变化。例如，ABC 公司的相关范围是 500～1 000 件，如果公司销售 1 500 件产品，则需要租赁额外的机器设备，此时固定成本会超过 4 000 元；公司还可能因此而需要为员工加班支付额外的费用，相应地，单位变动成本也会超过 12 元。

(3) 公式法与列表法的对比

弹性预算的两种方法各自有自己的特点,现阶段不同的企业对于两种方法的运用程度不同,列表法运用得相对多些。两种方法具体的优缺点如表4-11所示。

表4-11 弹性预算中公式法与列表法的优缺点

方法	优点	缺点
公式法	在一定范围内预算可以随业务量变动而变动,可比性和适应性强,编制预算的工作量相对较小	① 按公式进行成本分解比较麻烦; ② 成本分解的工作量很大; ③ 阶梯成本和曲线成本只能用数学方法修正为直线,才能应用公式法
列表法	① 不管实际业务量多少,不必经过计算即可找到与业务量相近的预算成本; ② 混合成本中的阶梯成本和曲线成本,可按总成本性态模型计算填列	在评价和考核实际成本时,往往需要使用插补法来计算实际业务量的预算成本,比较麻烦

3. 固定预算法与弹性预算法的对比

固定预算法与弹性预算法的对比如表4-12所示。

表4-12 固定预算法与弹性预算法的对比

方法	特点	适用范围
固定预算法 (静态预算法)	适应性差,可比性差; 在编制预算时,只根据预算期内正常、可实现的某一固定的业务量水平作为唯一基础来编制预算的方法	用于编制固定费用预算
弹性预算法 (动态预算法)	预算适用范围广,便于预算执行的评价和考核; 弹性预算的准确性,在很大程度上取决于成本性态分析的可靠性	用于编制全面预算中所有与业务量有关的预算

三、定期预算法与滚动预算法

1. 定期预算法

定期预算法是指以不变的会计期间(如日历年度)作为预算期的一种编制预算的方法。这种方法是企业常用方法之一。

2. 滚动预算法

滚动预算法,是指将预算期与会计期间脱离开,随着预算的执行不断地补充预算,逐期向后滚动,使其预算期限始终保持为一个固定长度(一般为12个月)的一种预算方法。滚动预算按照时间划分,可以分为逐月滚动预算,逐季滚动预算和混合滚动预算三类,具体如表4-13所示。

表4-13 滚动预算的分类

分类	定义	说明
逐月滚动	在预算编制过程中,以月份为预算的编制和滚动单位,每个月调整一次预算的方法	编制预算比较精确,工作量比较大
逐季滚动	在预算编制过程中,以季度为预算的编制和滚动单位,每个季度调整一次预算的方法	比逐月滚动工作量小,但精确度较差
混合滚动	在预算编制过程中,同时以月份和季度作为预算的编制和滚动单位的方法	其理论依据是,人们对未来的了解程度具有对近期把握较大,对远期的预计把握较小

3. 定期预算法与滚动预算法的对比

定期预算法与滚动预算法的优缺点如表 4-14 所示。

表 4-14 定期预算法与滚动预算法的优缺点

方法	优点	缺点
定期预算法	能够使预算期间与会计期间相对应，便于将实际数与预算数进行对比，也有利于对预算执行情况进行分析和评价	固定以一年为预算期，在执行了一段时期之后，往往使管理人员只考虑剩下的几个月的业务量，缺乏长远打算，导致一些短期行为的出现
滚动预算法	能使企业各级管理人员对未来进行考虑和规划，始终保持整整 12 个月时间的预算期，从而保证企业的经营管理工作能够稳定而有秩序地进行	—

四、预算编制方法的技能实训

技能实训 4-1

HL 电力公司制造费用预算编制

HL 电力公司（以下简称 HL 电力）成立于 1990 年，主要从事电源开发、检修维护、运营销售等面的业务。现今公司的水电装机容量在湖南省排名第一，利润贡献也在同行业排名靠前。为了更好地实现公司的发展目标，HL 电力采用了全面预算管理这种现代化的管理模式，对公司未来一定时期的生产经营及财务成果进行规划和安排，这有助于公司战略目标的实现。但是企业内的预算编制也需要根据预算的类型选取不同的编制方法。而 HL 电力却忽视了这一点，只采用固定预算与增量预算这两种方法，过于单一，影响了全面预算实施效果。同时编制内容完整性不足，HL 电力没有对筹资预算进行专门的编制，对筹资渠道和筹资时点等，没有制定相应的实施计划。针对以上问题，HL 电力应在原有的预算编制方法上，增加其他的预算编制方法，如弹性预算法、零基预算法、滚动预算法等。在选择时，要根据预算项目或对象特点的不同，采用相应的编制方法，同时也应考虑生产经营、预算项目、管理水平等方面因素。这样才能提高预算的准确性，充分发挥预算对业务的指导作用。因此，企业采用逐季滚动预算和零基预算相结合的方法编制制造费用预算。

资料一：2017 年分季度的制造费用预算如表 4-15 所示。

表 4-15 2017 年分季度的制造费用预算   金额单位：元

项目	第一季度	第二季度	第三季度	第四季度	合计
直接人工预算总工时/小时	11 400	12 060	12 360	12 600	48 420
变动制造费用	91 200	—	—	—	387 360
其中：间接人工费用	50 160	53 064	54 384	55 440	213 048
固定制造费用	56 000	56 000	56 000	56 000	224 000
其中：设备租金	48 500	48 500	48 500	48 500	194 000

资料二：2017年第二季度至2018年第一季度滚动预算期间发生如下变动：
1）直接人工预算总工时为50 000小时。
2）间接人工费用预算工时分配率提高10%。
3）2018年第一季度末重新签订设备租赁合同，新租赁合同中设备年租金降低20%。

资料三：2017年第二季度至2018年第一季度，公司管理层决定将固定制造费用总额控制在185 200元以内，固定制造费用由设备租金、生产准备费用和车间管理费组成，其中设备租金属于约束性固定成本，生产准备费和车间管理费属于酌量性固定成本，根据历史资料分析，生产准备费的成本效益远高于车间管理费。为满足生产经营需要，车间管理费总预算额的控制区间为12 000～15 000元。

要求：
1. 根据资料计算2017年第二季度至2018年第一季度滚动期间的下列指标。
1）计算间接人工费用预算工时分配率。
2）计算间接人工费用总预算额。
3）计算设备租金总预算额。
2. 根据资料二和资料三，在综合平衡基础上根据成本效益分析原则，完成2017年第二季度至2018年第一季度滚动期间的下列事项。
1）确定车间管理费用总预算额；
2）计算生产准备费总预算额。

解析：
1. 计算结果：
1）间接人工费用预算工时分配率=（213 048/48 420）×（1+10%）=4.84（元/小时）。
2）间接人工费用总预算额=50 000×4.84=242 000（元）。
3）设备租金总预算额=194 000×（1-20%）=155 200（元）。
2. 设备租金是约束性固定成本，是必须支付的。生产准备费和车间管理费属于酌量性固定成本，发生额的大小取决于管理当局的决策行动，由于生产准备费的成本效益远高于车间管理费，根据成本效益分析原则，应该尽量减少车间管理费。
1）车间管理费用总预算额=12 000（元）
2）生产准备费总预算额=185 200-155 200-12 000=18 000（元）。

任务二 全面预算编制

全面预算的结果最终反映在一整套预计的财务报表和其他附表上，主要用来规划计划期内企业的全部经济活动及其相关财务结果。全面预算可以按其涉及的业务活动领域分为财务预算和非财务预算。其中财务预算是关于资金筹措和使用的预算；非财务预算主要是指业务预算，用于预测和规划企业的基本经济行为。

一、销售预算的编制

全面预算以销售预算为起点,是关于企业在一定时期内经营、资本、财务等各方面的总体计划,它将企业全部经济活动用货币形式表示出来。详细内容如表 4-16 所示。

表 4-16 销售预算分析表

项目	销售预算
计算公式	销售收入=销量×单价
内容	销售现金收入 ① 基本原则:收付实现制 ② 关键公式:现金收入=当期现销收入+收回前期的赊销
特点	是整个预算的编制起点,也是编制其他有关预算的基础

案例指导 4-6

假定 ABC 公司生产并销售 A 产品,根据 2018 年各季度的销量及售价的有关资料编制销售预算表,每季度销售收入在本季收到现金 70%,其中赊销在下季度收账。

要求:
1) 编制 2018 年预计销售表(表 4-17);
2) 编制 2018 年预计现金收入表(表 4-18);
3) 预测第四季度末应收账款金额。

解析:

表 4-17 2018 年预计销售预算表

项目	第一季度	第二季度	第三季度	第四季度	合计
预计销售量	10 000	16 000	22 000	19 000	67 000
预计单位售价(元)	80	80	80	80	80
销售收入	800 000	1 280 000	1 760 000	1 520 000	5 360 000

表 4-18 2018 年预计现金收入表

项目		现金收入				
		第一季度	第二季度	第三季度	第四季度	合计
第一季度应收账款	7 000	7 000				7 000
第一季度销售收入	800 000	560 000	240 000			800 000
第二季度销售收入	1 280 000		896 000	384 000		1 280 000
第三季度销售收入	1 760 000			1 232 000	528 000	1 760 000
第四季度销售收入	1 520 000				1 064 000	1 064 000
现金收入合计	5 360 000	567 000	1 136 000	1 616 000	1 592 000	4 911 000

在实际工作中,产品销售收入产生的现金流入不可能直接进入企业,有一些老客户会采用赊销的方式,即产生了很大数额的应收账款。所以,销售预算中通常还应包括预计现金收入的计算,其目的是为编制现金预算提供必要的资料。

预测 2018 年第四季度末应收账款金额=1 520 000×30%=456 000(元)

二、生产预算的编制

生产预算是根据销售预算编制的，计划为满足预算期的销售量及期末存货所需的资源。计划期间除必须有足够的产品以供销售之外，还必须考虑到计划期期初和期末存货的预计水平，以避免存货太多形成积压，或存货太少影响下期销售。生产预算涵盖生产过程。企业由销售预算中得出生产总额和总产量，以满足预算期内预计的销售需要和为下一期准备的存货需要。完成生产总量的需要后，企业就可以制订附属生产预算。详细内容如表4-19所示。

表4-19 生产预算分析表

项目	生产预算
特点	唯一只以实物量表示的预算
编制基础	销售预算
基本公式	预计期末产成品存货=下季度销售量×a% 预计期初产成品存货=上期期末产成品存货 预计生产量=预计销售量+预计期末产成品存货-预计期初产成品存货

案例指导4-7

某公司希望能在每季度末保持相当于下季度销售量10%的期末存货，其中上年末产品的期末库存为1 000件，期初存货1 000件，单位成本为50元，共计50 000元，预计下年第一季度销售量为22 000件。编制2018年公司生产预算表（表4-20）。

解析：

表4-20 2019年预计生产预算表　　　　　　　　　　　　　单位：件

项目	第一季度	第二季度	第三季度	第四季度	全年合计
预计销售量	10 000	16 000	22 000	19 000	67 000
加：期末存货	1 600	2 200	1 900	2 200	2 200
合计	11 600	18 200	23 900	21 200	74 900
减：期初存货	1 000	1 600	2 200	1 900	1 000
预计生产量	10 600	16 600	21 700	19 300	68 200

在实际工作中，为了了解现有生产能力是否能够完成预计的生产量，生产设备管理部门有必要再审核生产预算，若无法完成，预算委员会可以修订销售预算或考虑提高生产能力；若生产能力超过需要量，则可以考虑把生产能力用于其他方面。

三、直接材料预算的编制

直接材料预算是一项采购预算，预计采购量取决于生产材料的耗用量和原材料存货的需要量。它是以生产预算为基础编制的，并同时考虑期初、期末材料存货水平，以避免材料的供应不定，以及停工待料或超储而造成的积压。直接材料预算主要包括单位产品直接材料用量、生产需要量、期初期末存量、预计材料采购量和预计采购金额，详细内容如表 4-21 所示。

表 4-21 直接材料预算分析表

项目	直接材料预算
编制基础	生产预算，以及预算期期初、期末的原材料存量
计算公式	预计采购量=生产需用量+期末存量-期初存量 材料采购支出=当期现购支出+支付前期赊购

案例指导 4-8

A 产品只耗用一种材料，上年度库存材料为 7 000 千克。公司期望每季末材料库存量为下季度生产需要量的 10%，其中 2018 年第四季度库存量保持为 8 000 千克。材料采购货款 60%在本季内付清，另外 40%在下季度付清。

要求：
1）编制 2018 年直接材料预算表（表 4-22）。
2）编制 2018 年现金支出预算表（表 4-23）。

解析：

表 4-22　2018 年直接材料预算表

项目	第一季度	第二季度	第三季度	第四季度	全年合计
预计生产量（千克）	10 600	16 600	21 700	19 300	68 200
单位产品材料用量（千克）	5	5	5	5	5
生产需用量（千克）	53 000	83 000	108 500	96 500	341 000
加：预计期末存量（千克）	8 300	10 850	9 650	8 000	8 000
合计（千克）	61 300	93 850	118 150	104 500	349 000
减：预计期初量（千克）	7 000	8 300	10 850	9 650	7 000
预计采购量（千克）	54 300	85 550	107 300	94 850	342 000
单价（元）	7	7	7	7	7
预计采购金额（元）	380 100	598 850	751 100	663 950	2 394 000

表 4-23　2018 年现金支出预算表　　　　　　　　　　　　　　　　单位：元

项目	预计采购金额	现金支出				
		第一季度	第二季度	第三季度	第四季度	全年合计
期初数	150 000	150 000				150 000
第一季度	380 100	228 060	152 040			380 100
第二季度	598 850		359 310	239 540		598 850
第三季度	751 100			450 660	300 440	751 100
第四季度	663 950				398 370	398 370
现金合计		378 060	511 350	690 200	698 810	2 278 420

四、直接人工预算的编制

直接人工预算是根据生产预算中的预计生产量、标准单位或金额所确定直接人工工时、小时工资率进行编制的。直接人工预算可以反映预算期内人工工时的消耗水平和人工成本。直接人工预算是一种既反映预算期内人工工时消耗水平，又规划人工成本开支的业务预算，详细内容如表4-24所示。

表4-24 直接人工预算分析表

项目	直接人工预算
编制基础	生产预算、预算期生产量
计算公式	人工总工时=预计产量×单位产品工时 人工总成本=人工总工时×每小时人工成本

案例指导4-9

某公司生产A产品，单位产品工时为0.8小时/件，每小时人工成本为10元/小时。试据此编制直接人工预算表（表4-25）。

表4-25 直接人工预算表

项目	第一季度	第二季度	第三季度	第四季度	全年合计
预计生产量（件）	10 600	16 600	21 700	19 300	68 200
单位产品工时（小时）	0.8	0.8	0.8	0.8	0.8
人工总工时（小时）	8 480	13 280	17 360	15 440	54 560
人工成本（元/小时）	10	10	10	10	10
人工总成本（元/小时）	84 800	132 800	173 600	154 400	545 600

五、制造费用预算的编制

制造费用预算是一种能反映直接人工预算和直接材料使用和采购预算以外的所有产品成本的预算计划。为编制预算，制造费用通常可按其成本性态可分为变动性制造费用、固定性制造费用。固定性制造费用可在上年的基础上根据预期变动加以适当修正进行预计；变动性制造费用根据预计生产量乘以单位产品预定分配率进行预计。

为了全面反映企业资金收支，在制造费用预算中，通常包括费用方面预期的现金支出。需要注意的是，由于固定资产折旧费是非付现项目，在计算时应予剔除。详细内容如表4-26所示。

表4-26 制造费用预算分析表

项目	制造费用预算
编制基础	① 变动制造费用以生产预算为基础来编制； ② 固定制造费用需要逐项进行预计，通常与本期产量无关，可按各期生产需要的情况加以预计，然后求出全年数
计算公式	变动制造费用=人工总工时×每小时费用分配率 预计制造费用=预计直接人工小时×变动性费用分配率+固定性制造费用 预计需用现金支付的制造费用=预计制造费用-折旧
需注意问题	制造费用中的非付现费用，如折旧在计算现金支出时应予以扣除

案例指导 4-10

承案例指导 4-8，公司生产 A 产品，编制制造费用预算表（表 4-27）。

表 4-27　2018 年制造费用预算表　　　　　　　　　　金额单位：元

项目	费用分配率	第一季度	第二季度	第三季度	第四季度	全年合计
预计人工总工时		8 480	13 280	17 360	15 440	54 560
变动制造费用：						
间接费用	2	16 960	26 560	34 720	30 880	109 120
间接人工	1	8 480	13 280	17 360	15 440	54 560
修理费	1.5	12 720	19 920	26 040	23 160	81 840
水电费	2	16 960	26 560	34 720	30 880	109 120
其他	0.5	4 240	6 640	8 680	7 720	27 280
小计	7	59 360	92 960	121 520	108 080	381 920
固定制造费用：						
修理费		25 000	25 000	25 000	25 000	100 000
水电费		6 000	6 000	6 000	6 000	24 000
管理人员工资		9 000	9 000	9 000	9 000	36 000
折旧		21 000	21 000	21 000	21 000	84 000
保险费		4 000	4 000	4 000	4 000	16 000
小计		65 000	65 000	65 000	65 000	260 000
合计		124 360	157 960	186 520	173 080	641 920
减：折旧		21 000	21 000	21 000	21 000	84 000
现金支出费用		103 360	136 960	165 520	152 080	557 920

六、产品生产成本预算的编制

产品成本预算是生产预算、直接材料预算、直接人工预算、制造费用预算的汇总，即产品成本预算主要依据生产预算、直接材料预算、直接人工预算、制造费用预算等汇总编制。产品成本预算的主要内容是产品的总成本与单位成本。其中，总成本又分为生产成本、销货成本和期末产品库存成本。在变动成本法下，如果产成品存货采用先进先出法计价，则产品成本预算的编制程序为：①估算每种产品预算期预计发生的单位生产成本；②估算每种产品预算期预计发生的生产成本；③估算每种产品预算期的预计产品生产成本；④估算每种产品预算期预计的产品销售成本。详细内容如表 4-28 所示。

表 4-28　产品生产成本预算分析表

项目	产品生产成本预算
内容	主要内容是产品的单位成本和总成本
编制基础	销售预算、生产预算、直接材料预算、直接人工预算和制造费用预算汇总
计算公式	产品生产成本=直接材料成本+直接人工成本+变动性制造费用 预计产品生产成本=预计发生产品生产成本+期初余额-期末余额 本期预计产品销售成本=预计产品生产成本+产成品成本期初余额-产成品成本期末余额

案例指导 4-11

公司生产 A 产品,基本数据如表 4-29 所示。试编制产品生产成本预算表。

表 4-29　产品生产成本预算表

成本项目	全年生产量　68200　(件)			
	单位消耗	单价	单位成本	总成本
直接材料	5	7	35	2 387 000
直接人工	0.8	10	8	545 600
变动制造费用	0.8	7	5.6	381 920
合计			48.6	3 314 520
产成品存货	数量(件)	单位成本(元)	总成本(元)	
年初存货	1 000	50	50 000	
年末存货	2 200	48.6	106 920	
本年销售	67 000		3 257 600	

七、销售及管理费用预算的编制

销售及管理费用预算又称营业费用预算,是指为组织产品销售活动和一般行政管理活动,以及有关的经营活动的费用支出而编制的一种业务预算。

销售费用预算,是指为了实现销售预算所需支付的费用预算。它以销售预算为基础,同时综合分析销售收入、销售费用和销售利润的相互关系,力求实现销售费用的最有效使用。

管理费用预算,是指企业日常生产经营中为搞好一般管理业务所必需的费用预算。随着企业规模的扩大,一般管理职能日益重要,因而其费用也相应增加。在编制管理费用预算时,要分析企业的业务成绩和一般经济状况,务必做到合理化。管理费用项目比较复杂,属于固定成本,因此,可以先由各部门上报费用预算。详细内容如表 4-30 所示。

表 4-30　销售及管理费用预算分析表

项目	直接人工预算
销售费用编制基础	销售预算
管理费用编制基础	属于固定成本,一般以过去的实际开支为基础,按预算期可预见变化来调整

案例指导 4-12

公司生产 A 产品,基本数据如表 4-31 示,试编制销售及管理费用预算表。

表 4-31　销售及管理费用预算表　　　　　　　　金额单位:元

项目	费用率	第一季度	第二季度	第三季度	第四季度	全年合计
预计销售收入		500 000	800 000	1 100 000	950 000	3 350 000
变动销售及管理费用						
销售佣金	1.50%	7 500	12 000	16 500	14 250	50 250

续表

项目	费用率	第一季度	第二季度	第三季度	第四季度	全年合计
运输费	0.50%	2 500	4 000	5 500	4 750	16 750
广告费	8%	40 000	64 000	88 000	76 000	268 000
小计	10%	50 000	80 000	110 000	95 000	335 000
固定销售及管理费用						
管理人员工资		6 000	6 000	6 000	6 000	24 000
办公费		9 000	9 000	9 000	9 000	36 000
保险费		4 000	4 000	4 000	4 000	16 000
其他		7 000	7 000	7 000	7 000	28 000
小计		26 000	26 000	26 000	26 000	104 000
合计		76 000	106 000	136 000	121 000	439 000

八、现金预算编制

现金预算是指用于预测企业还有多少库存现金，以及在不同时点上对现金支出的需要量。企业生存的首要条件是用可用的现金去偿付到期的债务，一旦出现库存、机器及其他非现金资产的积压，即便有了可观的利润也并不能给企业带来什么好处。现金预算还表明可用的超额现金量，并能为盈余制订营利性投资计划。为优化配置组织的现金资源提供帮助。详细内容如表4-32所示。

表4-32 现金预算分析表

编制基础	业务预算和专门决策预算
内容	① 可供使用现金； ② 现金支出； ③ 现金余缺； ④ 现金筹措与运用
计算公式	可供使用现金=期初现金余额+现金收入 可供使用现金-现金支出=现金余缺 现金余缺+现金筹措-现金运用=期末现金余额

案例指导4-13

ABC公司每季度末应保持现金金额90 000元，若资金不足或者多余，可以1 000元为单位进行借入或者偿还，借款年利率为8%，于每季末借入，借款利息于偿还本金时一起支付。同时，在2018年度ABC公司准备投资500 000元购买设备，于第二季度与第三季度分别支付价款50%。每季度预交所得税20 000元，预算在第四季度发放现金股利50 000元，第四季度购买国库券190 000元。根据上述资料，编制2018年现金预算表（表4-33）。

表 4-33 2018 年现金预算表 单位：元

项目	第一季度	第二季度	第三季度	第四季度	全年合计
期初现金余额	90 000	90 780	90 670	90 350	90 000
加：销货现金收入	567 000	1 136 000	1 616 000	1 592 000	4 911 000
可供使用现金	657 000	1 226 780	1 706 670	1 682 350	5 001 000
减：现金支出					
直接材料	378 060	511 350	690 200	698 810	2 278 420
直接人工	84 800	132 800	173 600	154 400	545 600
制造费用	103 360	136 960	165 520	152 080	557 920
销售及管理费用	76 000	106 000	136 000	121 000	439 000
预交所得税	20 000	20 000	20 000	20 000	80 000
购买国库券			190 000		190 000
发放股利				50 000	50 000
购买设备		250 000	250 000		500 000
支出合计	662 220	1 157 110	1 625 320	1 196 290	4 640 940
现金收支差额	-5 220	69 670	81 350	486 060	631 860
向银行借款	96 000	21 000	9 000		126 000
归还银行借款				126 000	30 000
借款利息（年利8%）				6 780	6 780
期末现金余额	90 780	90 670	90 350	353 280	353 280

九、利润表预算的编制

预算利润表，是指以货币形式综合反映预算期内企业经营活动成果（包括利润总额、净利润）计划水平的一种财务预算。该预算需要在销售预算、产品成本预算、应交税金及附加预算、制造费用预算、销售费用预算、管理费用预算和财务费用预算等日常业务预算的基础上编制。预计利润表是按照权责发生制编制的，这与现金预算的编制原则不同。另外，预计利润表是按照变动成本法编制的，具体如表 4-34 所示。

表 4-34 预计利润表

编制基础	各业务预算、专门决策预算和现金预算
计算公式	边际贡献=销售收入-变动成本 利润总额=边际贡献-固定成本 净利润=利润总额-所得税

案例指导 4-14

承案例指导 4-13，编制 2018 年度的利润预算表（表 4-35）。

表 4-35 2018 年度的预计利润表预算 单位：元

项目	第一季度	第二季度	第三季度	第四季度	全年合计
销售收入	800 000	1 280 000	1 760 000	1 520 000	5 360 000
减：变动成本					
变动生产成本	487 400	777 600	1 069 200	923 400	3 257 600
变动销售及管理费用	50 000	80 000	110 000	95 000	335 000
变动成本小计	537 400	857 600	1 179 200	1 018 400	3 592 600
边际贡献	262 600	422 400	580 800	501 600	1 767 400
减：固定成本					
固定制造费用	65 000	65 000	65 000	65 000	260 000
固定销售费用	26 000	26 000	26 000	26 000	104 000
利息支出				6 780	6 780
固定成本小计	91 000	91 000	91 000	97 780	370 780
税前利润	171 600	331 400	489 800	403 820	1 396 620
减：所得税（25%）	42 900	82 850	122 450	100 955	349 155
税后利润	128 700	248 550	367 350	302 865	1 047 465

十、预计资产负债表预算的编制

预计资产负债表是依据当前的实际资产负债表和全面预算中的其他预算所提供的资料编制而成的总括性预算表格，可以反映企业预算期末的财务状况，即反映企业在计划期末预计的财务状况。预计资产负债表可以为企业管理当局提供会计期末预期财务状况的信息，它有助于管理当局预测未来期间的经营状况，并采取适当的改进措施。详细内容如表 4-36 所示。

表 4-36 预计预算资产负债表的分析表

编制基础	以计划期开始日的资产负债表为基础，结合计划期间各项业务预算、专门决策预算、现金预算和预计利润表进行编制
特点	是编制全面预算的终点
计算公式	期末数=期初数+本期增加

案例指导 4-15

承案例指导 4-14，编制 2018 年度的预计资产负债表预算（表 4-37）。

表 4-37 2018 年度的预计资产负债表预算　　　　　　　　单位：元

资产	期初数	期末数	负债和权益	期初数	期末数
流动资产			流动负债		
现金	90 000	90 350	应付账款	150 000	415 580
应收账款	7000	456 000	长期负债		
原材料	49 000	56 000	长期借款	26 000	26 000
产成品	50 000	106 920	负债合计	176 000	441 580
短期投资		190 000			
流动资产合计	196 000	899 270			
固定资产原值	1 050 000	1 550 000	所有者权益		
减：累计折旧	240 000	324 000	普通股	800 000	800 000
在建工程		143 775	留存收益	30 000	1 027 465
固定资产净值	810 000	1 226 000	所有者权益合计	830 000	1 827 465
资产合计	1 006 000	2 269 045	负债和权益总计	1 006 000	2 269 045

技能实训 4-2

现金收支预算编制

资料一：C 公司为增值税一般纳税人，购销业务适用的增值税税率为 13%，只生产一种产品。相关预算资料如下：预计每个季度实现的销售收入（含增值税）均以赊销方式售出，其中 60%在本季度内收到现金，其余 40%要到下一季度收讫，假定不考虑坏账因素。部分与销售预算有关的数据如表 4-38 所示。

表 4-38 预计现金收入表　　　　　　　　单位：元

项目	第一季度	第二季度	第三季度	第四季度
预计销售收入	*	80 000	88 000	*
增值税销项税额	*	13 600	(D)	*
预计含税销售收入	93 600	(B)	*	102 960
期初应收账款	16 640	*	*	*
第一季度销售当期收现额	(A)			
第二季度销售当期收现额		(C)		
第三季度销售当期收现额			*	
第四季度销售当期收现额				(E)
经营现金收入合计	*	*	*	102 960

*省略的数据。

资料二：预计每个季度所需要的直接材料（含增值税）均以赊购方式采购，其中40%于本季度内支付现金，其余60%需要到下个季度付讫，假定不存在应付账款到期现金支付能力不足的问题。部分与直接材料采购预算有关的数据如表4-39所示。

表4-39 预计现金支出表 单位：元

项目	第一季度	第二季度	第三季度	第四季度
预计材料采购成本	48 000	*	52 000	*
增值税进项税额	*	（G）	8 840	*
预计含税采购金额合计	（F）	56 160	60 840	61 776
期初应付账款	8 000	*	（H）	*
第一季度采购当期支出额	*			
第二季度采购当期支出额		*		
第三季度采购当期支出额			36 504	
第四季度采购当期支出额				*
材料采购现金支出合计	30 464	*	*	*

*省略的数据。

要求：

1）根据资料一确定表4-38中用字母表示的数值（不需要列示计算过程）。

2）根据资料二确定表4-39中用字母表示的数值（不需要列示计算过程）。

3）根据资料一和资料二，计算预算年度应收账款和应付账款的年末余额。

解析：

1）A=93 600×60%=56 160(元)，B=80 000+13 600=93 600(元)，C=93 600×60%=56 160(元)，D=88 000×13%=11 440(元)，E=102 960×60%=61 776(元)。

2）F=48 000×(1+13%)=54 240(元)，G=54 240/(1+13%)×13%=6 240(元)，H=54 240×60%=32 544(元)。

3）应收账款年末余额=102 960×40%=41 184(元)。

应付账款年末余额=61 776×60%= 37 065.6(元)。

实务应用篇

学习情境五

财务活动——筹资管理分析与决策应用

1. 了解筹资活动的定义和掌握筹资数量确定方法;
2. 理解筹资方式及其资本成本计算方法;
3. 掌握最优资本结构确定方法;
4. 掌握杠杆效应及其应用。

顺丰速运上市背后的原因

顺丰速运是一家主要经营国际、国内快递业务的港资快递企业,于1993年3月26日在广东顺德成立。顺丰速运是中国速递行业中投递速度最快的快递公司之一。2016—2017年全球进入互联网的新时代,顺丰速运迅速成长,成为物流企业的领头羊。因此,在2016年顺丰速运征战资本市场,投入上市的大军队伍,力求要以最快速度打开筹资通道,通过资本市场的融资平台,发展多元化业务,建立竞争的新壁垒。

2016年5月23日,顺丰股权置换欲借壳上市,资产作价433亿元。2017年2月24日,顺丰控股在深交所举行重组更名上市仪式,正式登陆A股。2017年6月1日凌晨,顺丰宣布关闭对菜鸟的数据接口。2017年从6月3日中午12时起,全面恢复业务合作和数据传输。

2017年11月20日,三架波音747飞机在深圳中院的指导下在阿里巴巴旗下拍卖平台正式开拍,顺丰航空有限公司分别以1.607 808亿元和1.620 386亿元拍下其中两架飞机。

2017年12月20日,湖北国际物流核心枢纽项目在湖北鄂州开工建设,为打造全球第四个、亚洲第一的航空物流枢纽奠定坚实基础。

请思考以下几个问题:
1)顺丰速运为什么急于上市?上市后对企业有什么好处?
2)企业除了通过上市的方式进行融资,还可以通过哪些方式?
3)如何确定企业筹资数量?该筹资方式下的资本成本如何计算?

4）多种筹资方式并存的情况下，如何做到资本结构最优？

预备知识　筹资管理概述

筹资是指企业为满足生产经营资金的需要，向企业外部单位或个人，以及从其企业内部筹措资金的一种财务活动。资金是企业的"血液"，是企业生存和发展所不可缺少的。企业没有资金，无法进行生产经营活动；有了资金如果使用不当，也会影响生产经营活动的正常进行。筹集的资金可按多种标准分类：按资金使用期限长短分为短期资金和中长期资金；按资金来源渠道分为自有资金和借入资金；按所筹资金的权益性质分为股权资本和负债资本。

筹资管理的具体内容如图 5-1 所示。

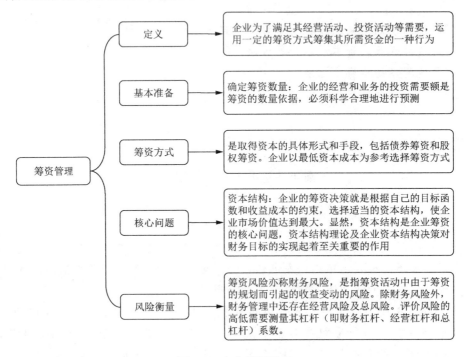

图 5-1　企业筹资管理

任务一　筹资资金需求量的确定

一、筹资资金需求量预测的方法

企业在筹资之前，应当采用一定方法测量资金需要量，只有这样，才能使筹集来的资金既能满足生产经营的需要，又不会有太多的闲置。

1. 销售百分比法

假设某些资产和负债与销售额存在稳定的百分比关系，企业各项资产、负债与所有者权益结构已达到最优，企业的销售规模扩大时，要相应增加流动资产，甚至增加长期资产，为此企业需要筹措资金。这些资金，一部分来自随销售收入同比例增加的流动负债，还有一部分来自预测期的留存收益，另外的部分通过外部筹资取得。任何方法都是建立在一定的假设前提基础上的，销售百分比法也不例外。归纳起来，销售百分比法的假设条件有以下几个：

1）资产负债表的各项目可以划分为敏感项目与非敏感项目。凡是随销售变动而变动并呈现一定比例关系的项目，均称为敏感项目；凡不随销售变动而变动的项目，均称为非敏感项目。敏感项目在短时期内随销售的变动而发生成比例变动，其隐含的前提是，现有的资产负债水平对现在的销售是最优的，即所有的生产能力已经全部使用。这个条件直接影响敏感项目的确定。例如，只有当固定资产利用率已经达到最优状态，产销量的增加将导致机器设备、厂房等固定资产的增加，此时固定资产净值才应列为敏感资产；如果当前固定资产的利用率并不完全，则在一定范围内的产量增加就不需要增加固定资产的投入，此时固定资产净值不应列为敏感项目。

2）敏感项目与销售额之间成正比例关系。这一假设又包含两方面意义：首先是线性假设，即敏感项目与销售额之间为正相关；其次是直线过原点，即销售额为零时，项目的初始值也为零。这一假设与现实的经济生活不相符。例如，现金的持有动机除了与销售有关的交易动机外，还包括投机动机和预防动机，所以即使销售额为零也应持有一部分现金。又如，存货应留有一定数量的安全库存以应付意外情况，这也导致存货与销售额并不总呈现正比例关系。

3）基期与预测期的情况基本不变。这一假设包含三重含义。第一重是基期与预测期的敏感项目和非敏感项目的划分不变；第二重是敏感项目与销售额之间成固定比例，或称比例不变；第三重是销售结构和价格水平与基期相比基本不变。由于实际经济情况总是处于不断变动之中，基期与预测期的情况不可能一成不变。一般来说，各个项目的利用不可能同时达到最优，所以基期与预测期的敏感项目与非敏感项目的划分会发生一定的变化，同样，敏感项目与销售额的比例也可能发生变化。

4）企业的内部资金来源仅包括留用利润，或者说，企业当期计提的折旧在当期全部用来更新固定资产。但是，企业固定资产的更新是有一定周期的，各期计提的折旧在未使用以前可以作为内部资金来源使用，与之类似的还有无形资产和递延资产的摊销费用。

5）销售的预测比较准确。销售预测是销售百分比法应用的重要前提之一，只有销售预测准确，才能比较准确地预测资金需要量。但是，产品的销售受市场供求、同业竞争及国家宏观经济政策等的影响，销售预测不可能是一个准确的数值。

销售百分比法根据销售与资产之间的数量比例关系，来预计企业的外部筹资需要量，其计算公式如图 5-2 所示。

图 5-2　销售百分比法计算公式图

2. 资金习性预测法

资金习性预测法是指根据资金习性预测未来资金需要量的方法。采用先分项后汇总的方式预测资金需要量，其中资金习性可以把资金分为不变资金、变动资金和半变动资金，如表 5-1 所示。

表 5-1　资金习性分类

名称	含义
不变资金	在一定产销量范围内不受产销量变动的影响而保持固定不变的那部分资金
变动资金	随产销量的变动而同比例变动的那部分资金
半变动资金	虽然受产销量变化的影响，但不成同比例变动的资金

半变动资金可以分解为不变资金和变动资金，最终将资金总额分成不变资金和变动资金两部分，即：资金需要总额（y）=不变资金（a）+变动资金。根据资金所需总额（y）和产销量（x）的历史资料，利用高低点法或回归分析法可以估计出资金总额和产销量直线方程中的两个参数 a 和 b。参数求值常采用高低点法计算。高低点法是根据两点可以确定一条直线原理，将高点和低点的数据代入直线方程 $y=a+bx$ 就可以求出 a 和 b，再把高点和低点代入直线方程，其计算公式如图 5-3 所示。

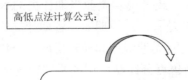

图 5-3　高低点参数计算公式

二、筹资资金需求量预测的计算

销售百分比法预测资金需求量的步骤：首先，确定随销售额而变动的资产和负债项目（敏感资产和敏感负债），确定经营性资产与经营性负债的差额通常与销售额保持稳定的比例关系，以及经营性资产项目包括库存现金、应收账款、存货等项目；而经营负债项目包括应付票据、应付账款等项目，不包括短期借款、短期融资券、长期负债等筹资性负债。其次，确定有关项目与销售额的稳定比例关系，包括预计销售额下的资产和负债，以及预计留存收益增加额。留存收益增加=预计销售额×计划销售净利率×（1-股利率），从而计算外部融资需求。

筹资资金需求量的具体计算公式为融资需求=资产增加-负债自然增加-留存收益增加 =（资产销售百分比×新增销售额）-（负债销售百分比×新增销售额）-［计划销售净利率×计划销售额×（1-股利支付率）］

案例指导 5-1

东方公司 2017 年的销售收入为 200 000 元，现在还有剩余生产能力，即增加收入不需要进行固定资产方面的投资。假定销售净利率 P 为 10%，留存收益比率 E 为 40%。

如果 2018 年的销售收入提高到 240 000 元（增加 20%），那么要筹集多少资金？采用销售额百分比法进行预测。东方公司 2017 年 12 月 31 日的资产负债表如表 5-2 所示。

表5-2　2017年12月31日资产负债表　　　　单位：元

资产		负债和所有者权益	
现金	10 000	应付账款	20 000
应收账款	30 000	应付费用	10 000
存货	60 000	短期借款	50 000
固定资产净值	60 000	公司债券	20 000
		实收资本	40 000
		留存收益	20 000
资产合计	160 000	负债和所有者权益	160 000

解析：

东方公司的实例中，变动资产 A 为现金、应收账款、存货，总金额为 100 000 元；变动负债 B 为应付账款、应付费用，总金额为 30 000 元。

$$\text{对外筹资需要量} = \frac{A}{S_1} \times \Delta S - \frac{B}{S_1} \times \Delta S - P \times E \times S_2$$

$$= \frac{100\ 000}{200\ 000} \times (240\ 000 - 200\ 000) - \frac{30\ 000}{200\ 000} \times (240\ 000 - 200\ 000)$$

$$- 10\% \times 40\% \times 240\ 000$$

$$= 4\ 400(元)$$

案例指导 5-2

某企业 2013—2017 年的产销数量和资本需要总额如表 5-3 所示。假定 2018 年预计产销量为 7.8 万件。

要求：采用高低点法预测该企业 2018 年资本需要总额。

表 5-3　某企业产销量与资本需要总额的历史资料表

年度	产销量（X）/（万件）	资本需要总额（Y）/（万元）
2013	6.0	500
2014	5.5	475
2015	5.0	450
2016	6.5	520
2017	7.0	550

解析：

$$b = \frac{最高业务量期的资金需要总额-最低业务量期的资金需要总额}{最高业务量-最低业务量} = \frac{550-450}{7.0-5.0} = 50(万元)$$

$a =$ 最高（低）业务量期的资金需要总额 $- b \times$ 最高（低）业务量

$= 550 - 50 \times 7.0 = 450 - 50 \times 5.0 = 200$

$y = a + bx = 200 + 50x$，当 x 为 7.8 时，$y = 200 + 50 \times 7.8 = 590$（万元）。

三、筹资资金需求量的技能实训

技能实训 5-1

某企业 2014—2017 年销售收入与资产情况如如表 5-4 所示。

表 5-4　销售与资产概况　　　　　　　　　金额单位：万元

年度	销售收入	现金	应收账款	存货	固定资产	经营负债
2014	600	1 400	2 100	3 500	6 500	1 080
2015	500	1 200	1 900	3 100	6 500	930
2016	680	1 620	2 560	4 000	6 500	1 200
2017	700	1 600	2 500	4 100	6 500	1 230

要求：

1. 要求采用高低点法分项建立资金预测模型。
2. 预测当 2018 年销售收入为 1 000 万元时，求解：
1）企业的资金需要总量。
2）2018 年需要增加的资金；
3）若 2018 年销售净利率为 10%，股利支付率为 60%，2018 年对外筹资数额。

解析：

1. 现金占用情况：

$$b=\Delta y/\Delta x=(1\,600-1\,200)/(700-500)=2(万元)$$
$$a=y-bx=1\,600-2\times700=200(万元)$$

应收账款占用情况：

$$b=\Delta y/\Delta x=(2\,500-1\,900)/(700-500)=3(万元)$$
$$a=y-bx=2\,500-3\times700=400$$

存货占用情况：

$$b=\Delta y/\Delta x=(4\,100-3\,100)/(700-500)=5$$
$$a=y-bx=4\,100-5\times700=600$$

固定资产占用情况：$a=6\,500$

无息流动负债占用情况：

$$b=\Delta y/\Delta x=(1\,230-930)/(700-500)=1.5$$
$$a=y-bx=1\,230-1.5\times700=180$$

汇总计算：

$$b=2+3+5-1.5=8.5$$
$$a=200+400+600+6\,500-180=7\,520$$
$$y=a+bx=7\,520+8.5x$$

2. 当2018年销售收入预计达到1 000万元时，
1）预计需要的资金总额=7 520+8.5×1 000=16 020（万元）。
2）2017年的资金总额=1 600+2 500+4 100+6 500-1 230=13 470（万元），
   2018年需要增加的资金=16 020-13 470=2 550。
3）2018年对外筹资数额=2 550－1 000×10%×(1-60%)=2 510（万元）

任务二　筹资的方式

一、债权筹资方式

目前在我国，负债资金筹集方式主要有向银行借款、发行债券、利用商业信用、融资租赁等，具体含义及优缺点如表5-5所示。

表5-5　债权筹资方式

方式	含义	优点	缺点
向银行借款	又称银行借款筹资，由企业根据借款合同从有关银行与非银行金融机构，如信托投资公司、保险公司、租赁公司、证券公司、企业集团所属的财务公司等借入所需资金	① 筹资速度快； ② 筹资成本低； ③ 借款弹性好	① 财务风险较大； ② 限制条款较多； ③ 筹资数额有限

续表

方式	含义	优点	缺点
发行债券	企业或公司为筹措资金而公开负担的一种债务契约,即以债券为书面承诺,答应在未来的特定日期,偿还本金并按照事先规定的利率付给利息	① 筹集对象广、市场大; ② 成本较股权筹资成本低; ③ 不影响企业管理控制权; ④ 具有财务杠杆作用	① 筹资风险很高; ② 限制条件多、降低经营灵活性
利用商业信用	商品交易中的延期付款或预收货款所形成的借贷关系,是企业之间的一种直接信用关系	① 筹资便利; ② 筹资成本低; ③ 限制条件少。	信用期限较短,若放弃现金折扣要付出更高的资金成本。
融资租赁	又称财务租赁,是只要实质上转移了与资产所有权有关的全部风险和报酬的租赁,是区别于经营租赁的一种长期租赁形式	① 筹资速度快; ② 限制条件少; ③ 设备淘汰风险小; ④ 财务风险小; ⑤ 税收负担轻	① 筹资成本高; ② 失去资产增值享受权利; ③ 租赁时期较长且不可撤销,制约企业发展

二、债权筹资方式下资本成本的计算

企业为筹集和使用资金而付出的代价包括两部分内容:筹资费用和用资费用。筹资费用是资本筹措过程中为获取资本而付出的代价,视为筹资数额的一项扣除。用资费用是资本使用过程中因占用资本而付出的代价,是资本成本的主要内容。资本成本是比较筹资方式、选择筹资方案的依据,是评价投资项目可行性的主要标准,是评价企业整体业绩的重要依据。资本成本率是企业用以确定项目要求达到的投资报酬率的最低标准。长期债务资本成本一般有长期借款成本和债券成本两种。

1) 长期借款成本。其计算公式如图 5-4 所示。

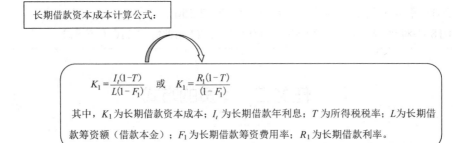

长期借款资本成本计算公式:

$$K_1 = \frac{I_t(1-T)}{L(1-F_1)} \quad \text{或} \quad K_1 = \frac{R_1(1-T)}{(1-F_1)}$$

其中,K_1 为长期借款资本成本;I_t 为长期借款年利息;T 为所得税税率;L 为长期借款筹资额(借款本金);F_1 为长期借款筹资费用率;R_1 为长期借款利率。

图 5-4 长期借款资本成本计算公式

案例指导 5-3

ABC 公司欲从银行取得一笔长期借款 1 000 万元,手续费费率 1%,年利率为 5%,期限为 3 年,每年结息一次,到期一次还本。公司所得税税率为 25%。这笔借款的资本成本是多少?

解析:

$$K_1 = \frac{I_t(1-T)}{L(1-F_1)} = \frac{1\,000 \times 5\% \times (1-25\%)}{1\,000 \times (1-1\%)} = 3.79(万元)$$

2）债券成本。债券成本包含债券利息和筹资费用。公司债券资本成本率为年利息乘以（1-所得税税率）与债券筹资总额扣除手续费的比值，其中分子计算年利息要根据面值和票面利率计算，分母筹资总额是根据债券发行价格计算的。

其计算公式如图 5-5 所示。

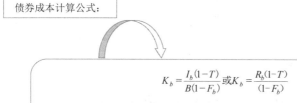

图 5-5　债券成本计算公式

案例指导 5-4

ABC 公司拟发行面值 100 元、期限 5 年、票面利率 8%的债券，每年结息一次；发行费用为发行价格的 5%；公司所得税税率为 25%。则该批债券的资本成本是多少？

解析：

$$K_b = \frac{I_b(1-T)}{B(1-F_b)} = \frac{100 \times 8\% \times (1-25\%)}{100 \times (1-5\%)} = 6.32\%$$

三、股权筹资

股权筹资即权益性筹资，或称为自由资金筹资，是指企业通过直接吸收投资、发行股票和企业内部积累等方式筹集资金，是企业经济运营活动中一种非常重要的筹资手段。股票作为持有人对企业拥有相应权利的一种股权凭证，一方面代表着股东对企业净资产的要求权；另一方面，普通股东凭借其所拥有的股份及被授权行使权力的股份总额，有权行使其相应的、对企业生产经营管理及其决策进行控制或参与的权利。股权资金筹集方式的含义及优缺点如表 5-6 所示。

表 5-6　股权筹资方式的含义及优缺点

方式	含义	优点	缺点
吸收直接投资	企业按照"共同投资，共同经营，共担风险，共享利润"的原则直接吸收国家、法人、个人投入资金	① 有利于增强企业信誉； ② 有利于尽快形成生产能力； ③ 有利于降低财务风险	① 资金成本较高； ② 容易分散企业控制权
发行普通股	股份有限公司在设立、扩大经营、改善资本结构时发行普通股票	① 无到期日、不需归还且无固定股利、财务负担小，从而筹资风险小； ② 增强公司举债能力； ③ 容易吸收资金	① 资本成本较高； ② 分散公司控制权； ③ 引发股价下跌

续表

方式	含义	优点	缺点
发行优先股	股份有限公司在设立、扩大经营、改善资本结构时发行特别股票	没有固定到期日，不用偿还本金；股利支付既固定又有一定弹性；有利于增强企业信誉	筹资成本高；筹资限制多；财务负担重
留存收益筹资	留存收益来源于两个渠道：盈余公积、未分配利润	资本成本较普通股低；保持普通股股东的控制权；增强企业信誉	筹资数额有限制；资金使用受制约

四、股权筹资方式下资本成本的计算

权益资金成本是指企业的所有者投入企业资金的成本，指企业的优先股、普通股及留存利润等的资金成本。权益成本包括两部分：一是投资者的预期报酬率，二是筹资费用。权益资金成本的计算方法分为两种模式法：一种是股利增长模型法，另一种是资本资产定价模型法。

1. 普通股成本

1) 评价法（又称股利增长模型法）。普通股在股利增长模型下，其计算公式如图5-6所示。

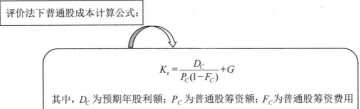

评价法下普通股成本计算公式：

$$K_s = \frac{D_C}{P_C(1-F_C)} + G$$

其中，D_C 为预期年股利额；P_C 为普通股筹资额；F_C 为普通股筹资费用率；G 为普通股利年增长率。

图 5-6 普通股成本计算公式

案例指导 5-5

ABC 公司拟发行一批普通股，发行价格 15 元/股，每股发行费用 1.5 元，预定每年分派现金股利每股 1.5 元，以后每年股利增长 4%，该普通股资本成本是多少？该企业利用留存收益的资本成本是多少？

解析：

普通股成本：

$$K_S = \frac{D_C}{P_C(1-F_C)} + G = \frac{1.5}{15-1.5} \times 100\% + 4\% = 15.11\%$$

留存收益成本：

$$K_S = \frac{D_C}{P_C} + G = \frac{1.5}{15} \times 100\% + 4\% = 14\%$$

2）资本资产定价模型法。资本资产定价模型是西方金融理论学界的威廉·夏普等人在资产组合理论基础上的又一新发展，广泛应用于发达市场国家的投资价位评估与基金管理中。资本资产定价模型的内容可以简单描述为普通股股票的预期收益率等于无风险利率加上风险补偿（也称风险溢价或市场风险报酬率），其计算公式如图 5-7 所示。

资本资产定价普通股成本计算公式：

$$r = r_f + \beta \times (r_m - r_f)$$

其中，r 为普通股的资本成本；r_f 为无风险报酬率；β 为股票 β 系数；r_m 为市场组合报酬率。

图 5-7　资本资产定价普通股成本计算公式

已知 ABC 公司股票的 β 值为 1.5，市场报酬率为 10%，无风险报酬率为 6%，该公司股票的资本成本是多少？

解析：

$$r = r_f + \beta \times (r_m - r_f) = 6\% + 1.5\% \times (10\% - 6\%) = 12\%$$

2. 优先股成本

优先股本成本的计算公式如图 5-8 所示。

优先股成本计算公式：

$$K_p = \frac{D_p}{P_p(1 - F_p)}$$

其中，K_p 为优先股成本；D_p 为优先股年股息；P_p 为优先股股金总额；F_p 为优先股筹资费用率。

图 5-8　优先股成本计算公式

3. 留存收益成本

留存收益与普通股资本成本计算相同，也分为股利增长模型法和资本资产定价模型法，不同点在于不考虑筹资费用。其计算公式如图 5-9 所示。

留存收益成本计算公式：

$$K_P = \frac{D_C}{P_C} + G$$

K_P 为普通股成本；D_C 为预期年股利额；P_C 为普通股筹资额；G 为普通股利年增长率。

图 5-9 留存收益成本成本计算公式

案例指导 5-7

ABC 公司拟发行一批优先股，每股发行价格为 105 元，发行费用 5 元，预计每股年股息 10 元，该优先股资本成本是多少？

解析：

$$K_P = \frac{D_C}{P_C(1-F_p)} = \frac{10}{105-5} \times 100\% = 10\%$$

五、筹资方式方法的技能实训

技能实训 5-2

A 公司拟添置一套市场价格为 6 000 万元的设备，需筹集资金。现有两个筹资方案可供选择（假定各方案均不考虑筹资费用）：

第一种方案，发行普通股。该公司普通股的 β 系数为 2，一年期国债利率为 4%，市场平均报酬率 10%。

第二种方案，发行债券。该债券期限 10 年，票面利率 8%，按面值发行公司适用的所得税税率为 25%。

要求：
1）利用资本资产定价模型计算普通股资本成本。
2）利用非折现模式（即一般模式）计算债券资本成本。
3）根据以上计算结果，为 A 公司选择筹资方案。

解析：
1）普通股资本成本=4%+2×（10%-4%）=16%。
2）债券资本成本=8%×（1-25%）=6%。
3）结论：应当发行债券。

任务三 企业最优资本结构的确定

一、最优资本结构选择的方法

最优资本结构是指在一定条件下使企业加权平均资金成本最低、企业价值最大的资本结构。确定最佳资本结构的方法有每股收益无差别分析法、比较资金成本法等。

1. 每股收益无差别分析法

将企业的盈利能力与负债对股东财富的影响结合起来，去分析资金结构与每股利润之间的关系，进而确定合理的资金结构的方法叫每股收益无差别分析法，也叫息税前利润-每股利润分析法（简称 EBIT-EPS 分析法）。它是利用息税前利润和每股利润之间的关系来确定最优资金结构的方法。根据这一分析方法，可以分析判断在什么样的息税前利润水平下适于采用何种资金结构。这种方法确定的最佳资本结构亦即每股利润最大的资金结构。

负债的偿还能力是建立在未来盈利能力基础之上的。研究资本结构，不能脱离企业的盈利能力。企业的盈利能力，一般用息税前盈余（EBIT）表示。负债筹资是通过它的杠杆作用来增加财富的。确定资本结构不能不考虑它对股东财富的影响。股东财富用每股盈余（EPS）来表示。其计算公式如图 5-10 所示。

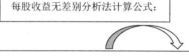

每股收益无差别分析法计算公式：

$$EPS_1 = EPS_2$$
$$(EBIT_1 - I_1)(1-T)/N_1 = (EBIT_2 - I_2)(1-T)/N_2$$

其中，EPS 为每股收益；S 为销售额；V 为单位变动成本；C 为销售数量；F 为固定成本；EBIT 为息前税前收益；I 为借款利息；T 为公司所得税税率；N 为流通在外的普通股股数。

图 5-10 每股收益无差别分析法

案例指导 5-8

光华公司目前资本结构：总资本 1 000 万元，其中债务资本 400 万元（年利息 40 万元）；普通股资本 600 万元（600 万股，面值 1 元，市价 5 元）。企业由于有一个较好的新投资项目，需要追加筹资 300 万元，根据财务人员测算，追加筹资后销售额可望达到 1 200 万元，变动成本率为 60%，固定成本为 200 万元，所得税率 20%，不考虑筹资费用因素。有两种筹资方案：

甲方案：向银行取得长期借款 300 万元，利息率 16%。

乙方案：增发普通股 100 万股，每股发行价 3 元。

要求：

1）计算每股收益无差别点。

2）计算分析两个方案处于每股收益无差别点时的每股收益，并指出其的特点。

3）根据财务人员有关追加筹资后的预测，帮助企业进行决策。

解析：

1）息税前利润、每股利润的分析实质上是分析资本结构对普通股每股盈余的影响，那么究竟息税前盈余为多少时发行普通股有利，息税前盈余为多少时发行公司债有利呢？这就要测算每股盈余无差异点的息税前盈余。

$$\frac{(EBIT_1 - I_1)(1-T)}{N_1} = \frac{(EBIT_2 - I_2)(1-T)}{N_2}, EBIT_1 = EBIT_2 = EBIT$$

$$\frac{(EBIT - 40)}{600 + 100} = \frac{(EBIT - 40 - 48)(1 - 20\%)}{600}, EBIT = 376$$

2）股票增发下的每股利润=(376-40)×(1-20%)/(600+100)=0.384(元/股)

长期借款下的每股利润=(376-40-48)×(1-20%)/600=0.384(元/股)

在每股收益无差别点上，两个方案的每股收益相等，均为0.384元。

3）决策：预计的息税前利润=1 200-1 200×60%-200=280(万元）

由于筹资后的息税前利润小于每股收益无差别点，应该选择财务风险较小的乙方案。

2. 比较资金成本法

比较资本成本法，即通过比较不同的资本结构的加权平均资本成本，选择其中加权平均资本成本最低资本结构的方法。其程序包括：拟定几个筹资方案；确定各方案的资本结构；计算各方案的加权资本成本；通过比较，选择加权平均资本成本最低的结构为最优资本结构。比较资本成本法是先计算不同筹资方案的加权平均资本成本，然后选择加权平均资本成本最低的方案，作为最佳资本结构。通常适用于初始筹资决策，也可以在追加筹资是应用。实施步骤如下所示：首先，拟定若干备选方案；其次，计算各方案加权平均资金成本=税后债务成本×债券价值占总价值比+股权成本×股权价值占总价值比）；最后，选择加权平均资本成本最低点（即公司价值最大化时点）为最优方案。

二、最优资本结构调整的方法

1）债转股。当企业资产负债率过高时，通过与现有的债权人协商的办法来改善资本结构。对于可转换债券可以设计赎回条款敦促债权人尽快行使转换权。

2）从外部取得增量资本。如发行新债券、举借新贷款、进行融资租赁、发行新的股票等。

3）调整现有负债结构。与债权人协商，将短期负债转为长期负债，或将长期负债列入短期负债，收回发行在外的可提前收回债券。另外，还可采用债务托管、债务转移负担等方法降低公司负债水平。

4）调整权益资本结构。如优先股转换为普通股、股票回购较少公司股本等。

5）兼并其他企业、控股其他企业或进行企业分立，改善企业的资本结构。

三、最优资本结构的技能实训

技能实训 5-3

A公司目前资本结构：总资本1 500万元，其中债务资本500万元（年利息50万元）；权益资本1 000万元（600万股）。企业由于有一个较好的新投资项目，需要追加筹资500万元，根据财务人员测算，追加筹资后销售额可望达到4 000万元，变动成本率70%，固定成本为300万元，所得税税率为25%，不考虑筹资费用因素。

有三种筹资方案：

甲方案：按面值发行债券500万元，利息率12%。
乙方案：增发普通股50万股，每股发行价5元，向银行借款250万元，利息率10%。
丙方案：按面值增发优先股500万元，股利率15%。

要求：

1）计算甲方案与乙方案每股收益无差别点。
2）计算乙方案与丙方案每股收益无差别点。
3）根据财务人员有关追加筹资后的预测，帮助企业进行决策。

解析：

1）甲、乙每股收益无差别点：

$$(EBIT-50-500\times12\%)\times(1-25\%)/600=(EBIT-50-250\times10\%)\times(1-25\%)/(600+50)$$
$$EBIT=530(万元)$$

EBIT为530万元是两个筹资之案的每股收益无差别点。

2）乙、丙每股收益无差别点

$$(EBIT-50-250\times10\%)\times(1-25\%)/(600+50)=[(EBIT-50)\times(1-25\%)-500\times15\%]/600$$
$$EBIT=1\ 050(万元)$$

EBIT为1050万元是两个筹资之案的每股收益无差别点。

3）决策

预计的息税前利润=4 000-4 000×70%-300=900(万元)
甲的每股收益=(900-50-500×12%)×(1-25%)/600=0.99
乙的每股收益=(900-50-250×10%)×(1-25%)/(600+50)=0.95
丙的每股收益=[(900-50)×(1-25%)-500×15%]/600=0.94

应选择甲方案。

任务四 杠杠效应及其应用

一、杠杠效应的来源

在财务管理中杠杆是指由于存在固定性成本费用，使某一财务变量发生较小变动，会引起利润较大的变动。杠杆效应包括经营杠杆效应、财务杠杆效应和总杠杆效应。经营杠杆效应是指由于固定性经营成本的存在,而使企业的资产报酬(息税前利润)变动率大于业务量变动率的现象。财务杠杆效应是指由于固定性资本成本(利息等)的存在,而使企业的普通股收益(或每股收益)变动率大于息税前利润变动率的现象。总杠杆效应是指由于固定经营成本和固定资本成本的存在,普通股每股收益变动率大于产销业务量的变动率的现象。

财务管理中的杠杆效应,是指由于特定固定支出或费用的存在,当某一财务变量以较小幅度变动时,另一相关变量会以较大幅度变动的现象。相关公式如下:

销售收入-变动成本总额-固定成本-利息费用=税前利润

销售收入-变动成本总额=边际贡献总额

边际贡献总额-固定成本=息税前利润

杠杆效应具体内容如表 5-7 所示。

表 5-7　杠杆效应相关概念

概念	公式	说明
边际贡献	销售收入-变动成本	边际贡献=单位边际贡献×销售量
单位边际贡献	单价-单位变动成本	
边际贡献率	边际贡献/销售收入=单位边际贡献/单价	边际贡献率+变动成本率=1
变动成本率	变动成本/销售收入=单位变动成本/单价	

二、经营杠杆效应及其应用

经营杠杆又称营业杠杆或营运杠杆,是指在企业生产经营中由于存在固定成本而导致息税前利润变动率大于产销量变动率的规律。

根据成本性态,在一定产销量范围内,产销量的增加一般不会影响固定成本总额,但会使单位产品固定成本降低,从而提高单位产品利润,并使利润增长率大于产销量增长率;反之,产销量减少,会使单位产品固定成本升高,从而降低单位产品利润,并使利润下降率大于产销量的下降率。所以,产品只有在没有固定成本的条件下,才能使贡献毛益等于经营利润,使利润变动率与产销量变动率同步增减。但这种情况在现实中是不存在的。这样,由于存在固定成本而使利润变动率大于产销量变动率的规律,在管理会计和企业财务管理中就常根据计划期产销量变动率来预测计划期的经营利润。经营杠杆系数(degree of operation leverage, DOL)的计算公式如图 5-11 所示:

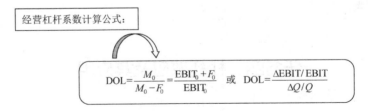

图 5-11　经营杠杆系数计算公式

经营杠杆是指由于固定性经营成本的存在,而使企业的资产报酬(息税前利润)变动率大于业务量变动率的现象。经营风险是指由于企业生产经营上的原因而导致的资产报酬波动的风险。

> **案例指导 5-9**
>
> 泰华公司产销某种服装,年产销额为 5 000 万元时,变动成本 3 500 万元,息前税前利润 1 000 万元;年产销额为 7 000 万元时,变动成本为 4 900 万元,息前税前利润为 1 600 万元。
>
> **要求:**
> 计算公司的经营杠杆系数。
>
> **解析:**
> 销售收入增长率=(7 000-5 000)/5 000×100%=40%
> 息税前利润增长率=(1 600-1 000)/1 600×100%=60%
> 经营杠杆系数=息税前利润变动率/销售量变动率=60%/40%=1.5

三、财务杠杆效应及其应用

财务杠杆是指由于债务的存在而导致普通股每股利润变动大于息税前利润变动的杠杆效应。财务杠杆系数越大,财务风险越大,只要有固定性资本成本存在,财务杠杆系数总是大于 1。影响财务杠杆的因素:债务资本比重、普通股盈余水平、所得税税率水平。财务杠杆系数(degree of financial leverage,DFL)的计算公式如图 5-12 所示。

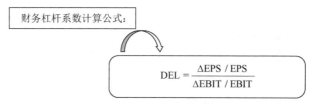

图 5-12 财务杠杆系数 DFL 计算公式

> **案例指导 5-10**
>
> A、B、C 三家公司有关财务指标如表 5-8 所示,计算三家公司的财务杠杆系数。
>
> 表 5-8 普通股盈余及财务杠杆的计算　　　　　　　　　　单位:元
>
> | 项目 | | A 公司 | B 公司 | C 公司 |
> |---|---|---|---|---|
> | 息税前利润 | 20×1 年 | 140 000 | 119 000 | 102 200 |
> | | 20×2 年 | 210 000 | 189 000 | 172 200 |
> | 每股收益 | 20×1 年 | 0.14 | 0.17 | 0.20 |
> | | 20×2 年 | 0.21 | 0.27 | 0.34 |
> | 财务杠杆系数(每股收益变动率/息税前利润变动率) | | 1.00 | 0.59 | 0.69 |

解析：

根据公式 $DFL = \dfrac{\Delta EPS / EPS}{\Delta EBIT / EBIT}$ 计算得，A 公司财务杠杆系数为 1.00，B 公司财务杠杆系数为 0.59，C 公司财务杠杆系数为 0.69。

四、总杠杆效应及其应用

总杠杆是指由于固定成本和固定财务费用的存在而导致的普通股每股利润变动率大于产销量变动率的杠杆效应。对总杠杆计量的主要指标是总杠杆系数，总杠杆系数是指普通股每股利润变动率相当于产销量变动率的倍数。总杠杆系数是指公司财务杠杆系数和经营杠杆系数的乘积，直接考察了营业收入的变化对每股收益的影响程度，是衡量公司每股获利能力的尺度。其计算公式如图 5-13 所示。

总杠杆系数计算公式：

总杠杆系数 = 经营杠杆系数 × 财务杠杆系数

$$DTL = DOL \times DFL \quad 或者 \quad DOL = \dfrac{\Delta EPS / EPS}{\Delta Q / Q}$$

其中，DTL 为总杠杆系数；ΔEPS 为普通股每股收益变动额；EPS 为变动前普通股每股收益；ΔQ 为销售量变动额；Q 为变动前销售量。

图 5-13　总杠杆系数计算公式

案例指导 5-11

A 公司 2016 年实现销售收入 100 万元，每股收益 0.5 元。2017 年公司加大产销量，实现销售收入 200 万元，每股收益 0.8 元，求该公司 2017 年的总杠杆系数。

解析：

$$DCL = \dfrac{\Delta EPS / EPS}{\Delta Q / Q} = \dfrac{(0.8 - 0.5) / 0.5}{(200 - 100) / 100} = 0.6$$

五、杠杆效应的技能实训

技能实训 5-4

某企业有关资料如表 5-9 所示，求该公司的经营杠杆系数、财务杠杆系数和总杠杆系数。

表 5-9　杠杆效应计算表　　　　　　　　　　　　　单位：万元

项目	2016 年	2017 年	变动率
销售收入（售价 10 元）	1 000	1 200	+20%
边际贡献（单位 4 元）	400	480	+20%
固定成本	200	200	—

续表

项目	2016年	2017年	变动率
息税前利润	200	280	+40%
利息	50	50	—
利润总额	150	230	+53.33%
净利润（税率20%）	120	184	+53.33%
每股收益（200万股，元）	0.60	0.92	+53.33%
经营杠杆			2.000
财务杠杆			1.333
总杠杆			2.667

解析：

经营杠杆系数=息税前利润变动率/产销量变动率=40%/20%=2

财务杠杆系数=每股收益变动率/息税前利润变动率=53.33%/40%=1.33

或

财务杠杆系数=基期息税前利润/（基期息税前利润-利息）=200/(200-50)=1.33

总杠杆=每股收益变动率/产销量变动率=53.33%/20%=2.67

或

总杠杆=基期边际贡献/（基期息税前利润-利息）=400/(200-50)=2.67

学习情境六

财务活动——投资管理分析与决策应用

1. 了解投资的分类;
2. 掌握项目投资现金流量的构成及应用;
3. 掌握项目投资决策的方法及实际应用。

"一带一路"引领投资新方向

"一带一路"是"丝绸之路经济带"和"21世纪海上丝绸之路"的简称。2013年9月和10月,国家主席习近平提出建设"新丝绸之路经济带"和"21世纪海上丝绸之路"的合作倡议。在后金融危机时代,作为世界经济增长"火车头"的中国,将自身的产能优势、技术与资金优势、经验与模式优势转化为市场与合作优势,实行全方位的"一带一路"经济区开放后,承包工程项目突破3000个。

2015年,中国企业共对"一带一路"相关的49个国家进行了直接投资,投资额同比增长18.2%。2015年,我国承接"一带一路"相关国家服务外包合同金额178.3亿美元,执行金额121.5亿美元,同比分别增长42.6%和23.45%。

2016年6月底,中欧班列累计开行1881列,其中回程502列,实现进出口贸易总额170亿美元。2016年6月起,中欧班列穿上了统一的"制服",深蓝色的集装箱格外醒目,品牌标志以红色、黑色为主色调,以奔驰的列车和飘扬的丝绸为造型,成为丝绸之路经济带蓬勃发展的最好代言与象征。

2017年,中国企业对"一带一路"沿线的59个国家有新增投资,合计143.6亿美元,主要投向新加坡、马来西亚、老挝、印度尼西亚、巴基斯坦、越南、俄罗斯、阿联酋和柬埔寨等国家。

"一带一路"为新时期世界走向共赢带来了中国方案。不同性质、不同发展阶段的国家,其具体的战略诉求与优先方向不尽相同,但各国都希望获得发展与繁荣,这便找到了各国共同利益的最大公约数。如何将一国的发展规划与他国的战略设计相对接,实现优势互补便成为各国实现双赢、多赢的重要前提。

根据上述资料,思考以下问题。

1)在国家政策"一带一路"引导下,企业投资有哪些分类?投资的原则是什么?

2)项目投资的决策依据是什么?有哪些决策方法?
3)如何对企业的投资进行有效性分析?怎样选择更好的项目?

预备知识　投资管理概述

一、投资的概念

投资指的是特定经济主体为了在未来可预见的时期内获得收益或是资金增值,在一定时期内向一定领域投放足够数额的资金或实物的货币等价物的经济行为。投资可分为实物投资、资本投资和证券投资。前者是以货币投入企业,通过生产经营活动取得一定利润;后者是以货币购买企业发行的股票和公司债券,间接参与企业的利润分配。投资具有一定的意义与作用,具体如图6-1所示。

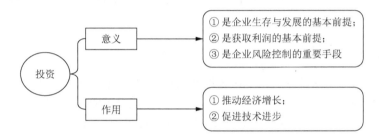

图6-1　投资的意义与作用

二、投资的分类

投资是一项很复杂的经济活动,为了加强管理和提高投资收益,有必要对投资进行科学的分类。具体分类如表6-1所示。

表6-1　企业投资分类表

分类标准	类型	说明
回收期限的长短	短期投资	回收期在一年以内的投资,主要包括现金、应收款项、存货、短期有价证券等投资
	长期投资	回收在一年以上的投资,主要包括固定资产投资、无形资产投资、对外长期投资等
按投资活动与企业本身的生产经营活动的关系	直接投资	将资金直接投放于形成生产经营能力的实体性资产,直接谋取经营利润的企业投资
	间接投资	将资金投放于股票、债券等权益性资产上的企业投资
投资对象的存在形态和性质	项目投资	购买具有实质内涵的经营资产,包括有形资产和无形资产,形成具体的生产经营能力,开展实质性的生产经营活动,谋取经营利润,属于直接投资
	证券投资	通过证券资产上所赋予的权利,间接控制被投资企业的生产经营活动,获取投资收益,即购买属于综合生产要素的权益性权利资产的企业投资,属于间接投资
对企业生产经营前景的影响	发展性投资	对企业未来的生产经营发展全局有重要影响的企业投资,也称为战略性投资
	维持性投资	为了维持企业现有的生产经营正常、顺利进行,不会改变企业未来生产经营发展全局的企业投资,也称为战术性投资

续表

分类标准	类型	说明
投资的方向	对内投资	在本企业范围内部的资金投放,用于购买和配置各种生产经营所需要的经营性资产
	对外投资	在本企业范围以外的其他单位的资金投放,主要是间接投资,也可以是直接投资
投资项目之间的相互关系	独立投资	各个投资项目互不关联、互不影响,可以同时并存
	互斥投资	非相容性投资,各个投资项目之间相互关联、相互替代,不能同时并存

三、项目投资的概念和特点

项目投资是一种以特定项目为对象,直接与新建项目或更新改造项目有关的长期投资行为。项目投资按其涉及内容还可进一步细分为单纯固定资产投资和完整工业投资。

与其他形式的投资相比,项目投资具有投资内容独特、每个项目都至少涉及一项固定资产投资、投资数额多、影响时间长(至少一年或一个营业周期以上)、发生频率低、变现能力差和投资风险大的特点。

四、项目投资决策程序

我国的项目投资决策程序是在借鉴西方经济发达国家的决策经验和科学的评价方法的基础上,结合我国的实际情况制定的。按规定,大中型工业项目决策程序主要按以下步骤进行:提出项目建议书、进行可行性研究、编制设计任务书(计划任务书)、项目评估、项目审批,具体如图6-2所示。

项目投资决策程序:

提出项目建议书。主要从投资建设的必要性等方面初步分析投资建设可行性

进行可行性研究。提出建设项目是否可行的方案,编写可行性研究报告

编制设计任务书(计划任务书)。编制设计任务书的可靠依据

项目评估。邀请有关技术、经济专家预审,然后咨询公司进行项目评估

项目审批。如果项目是可行的,即可批准。设计任务书一经批准即可立项

图6-2 项目投资决策程序图

任务一 项目投资现金流量

一、项目投资现金流量的构成

所谓现金流量,在投资决策中是指一个项目引起的企业现金支出和现金收入增加的数量,即由一项长期投资方案所引起的在未来一定期间所发生的现金收支,通常指现金流入量与现金流出量相抵后的净现金流量(net cash flow,NCF)。现金流量按照划分其构成有三部分内容,具体如表6-2所示;现金流量按照现金流入的方向的划分,其构成内容有三部分,具体如表6-3所示。

表 6-2 项目投资现金流量的构成内容(按时间划分)

项目	内容
投资期现金流量	长期资产上的投资,如购置成本、运输费、安装费等,以及垫支的营运资金
营业期现金流量	营业收入、付现营运成本、大修理支出、所得税
终结期现金流量	固定资产变价收入、垫支营运资金的收回、固定资产变现净损失抵税、固定资产变现净收益纳税

表 6-3 项目投资现金流量的构成内容(按现金流入的方向划分)

项目		内容
现金流出量	定义	一个投资项目的现金流出量是指该投资项目引起的企业现金支出的增加额
	内容	固定资产投资支出,即厂房、建筑物的造价、设备的买价;垫支流动资金,是指项目投产前后分次或一次投放于流动资产上资金增加额;付现成本费用,是指与投资项目有关的以现金支付各种成本费用;各种税金支出
现金流入量	定义	该投资项目引起的企业现金收入的增加额
	内容	销售收入,即每年实现的全部现销收入;固定资产残值变现收入及出售时的税赋损益;收回的流动资金;其他现金流入量
净现金流量	NCF_t	净现金流量是指一定期间现金流入量与现金流出量的差额($NCF_t = CI_t - CO_t$, $t=0,1,2,3,\cdots,n$)

财务管理以现金流量作为项目投资的重要价值信息,主要出于以下考虑:

1)现金流量信息所揭示的未来期间现实货币资金收支运动,可以序时动态地反映项目投资的流向与回收之间的投入产出关系,使决策者处于投资主体的立场上,便于更完整、准确、全面地评价具体投资项目的经济效益。

2)利用现金流量指标代替利润指标作为反映项目效益的信息,可以摆脱在贯彻财务会计的权责发生制时必然面临的困境,即不同的投资项目可能采取不同的固定资产折旧方法、存货估价方法或费用摊配方法,从而导致不同方案的利润信息相关性差、透明度不高和可比性差。

3)利用现金流量信息,排除了非现金收付内部周转的资本运动形式,从而简化了有关投资决策评价指标的计算过程。

二、项目投资现金流量的计算

1. 投资期现金流量的计算

投资期现金流量是指开始投资时发生的现金流量。初始现金流量通常包括投资在固定资产上的资金和投资在流动资产上的资金两部分。其中投资在流动资产上的资金一般在项目结束时将全部收回。这部分初始现金流量不受所得税的影响。初始现金流量通常为现金流出量。初始现金流量即初始投资额,包括固定资产投资额和营运资金垫支额。投资期现金流量的计算公式如图 6-3 所示。

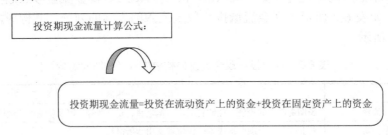

图 6-3 投资期现金流量计算公式图

2. 营业期现金流量的计算

营业期现金流量是指投资项目完工投入使用后,在其寿命周期内由于生产经营所带来的现金流入和现金流出的数量。计算营业期现金流量的意义在于,营业现金为企业的最主要的一项现金流量,只有能在短期内产生足够的营业现金流量的项目,才是真正的具有高成长性的项目,才属于风险投资的对象。如果一个企业没有营业现金流量作为基础保障,企业的现金流迟早要枯竭。同时,营业现金流量最能体现企业持续经营能力和未来发展前景,因此,使企业营业现金流量达到最大,是企业投资决策过程中的关键。营业现金流量的测算最为关键,也最为复杂,其计算公式如图 6-4 所示。

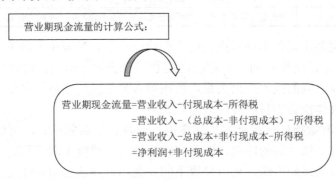

图 6-4 营业期现金流量的计算公式图

3. 终结期现金流量的计算

终结期现金流量指投资项目完结时所发生的现金流量,主要包括固定资产残值净收入和回收原投入的流动资金。终结期现金流量的内容较少、数额不大，对整个现金流量的分析影响较小。其测算也相对较简单，通常只需根据财会部门的净残值率及其对项目相关的垫支流动资金预算进行估计即可，其计算公式如图6-5所示。

终结期现金流量计算公式：

终结期现金流量=净利润+非付现成本+处置固定资产的税后残值收入+垫支营运资金的收回

图6-5 终结期现金流量计算公式图

案例指导6-1

某公司现有投资方案甲，甲方案需一次性投资50万元，预计使用年限为5年，残值率为10%，投产后每年可获得净利6万元。该公司设备采用直线法计提折旧。

要求：
1）计算甲方案的固定资产年残值。
2）计算甲方案的固定资产年折旧额。
3）建设期现金净流量。
4）营业期现金净流量。
5）终结期期现金净流量。
6）画出现金流量图。

解析：
1）固定资产年残值=50×10%=5（万元）。
2）固定资产年折旧额=(50-5)/5=9（万元）。
3）建设期现金净流量：
$$NCF_0=-50（万元）$$
4）营业期现金净流量：
$$NCF_{1\sim4}=6+9=15（万元）$$
5）终结期期现金净流量：
$$NCF_5=6+9+5=20（万元）$$
6）现金流量图：

三、项目投资现金流量的技能实训

技能实训6-1

"一带一路"下中国机械设备工程股份海外投资

2017年,在逆全球化潮流涌动、贸易保护主义重新兴起的大背景下,亚洲区域经济合作势头不减反增,"一带一路"倡议成为亚洲区域经济一体化的重要拉动力。4月6日,中国机械设备工程股份有限公司在基辅与乌克兰最大私营能源企业——顿巴斯燃料和能源公司签订合同,在乌中部地区建设一座200兆瓦太阳能电站。这座太阳能电站建在第聂伯罗彼得罗夫斯克州的尼科波尔市附近,占地400公顷,总投资约2.3亿欧元,其中中方将投资约1.7亿欧元,其余部分由顿巴斯燃料和能源公司出资。电站建设工程2017年年底基本完工,2018年3月正式并网发电,可确保10万人的用电量,每年减少30万吨二氧化碳排放量。顿巴斯燃料和能源公司总经理季姆琴科接受采访时说,这是目前乌境内最大的绿色能源项目,既能创造经济效益,又能带来社会效益,还将创造上千个就业岗位。

中国机械设备工程股份有限公司总经理张淳说,在乌克兰发展绿色能源有广阔前景,中方将同乌方企业一起保质保量地把项目完成好。乌克兰副总理基斯季翁、乌能源和煤炭工业部长纳萨利克出席了当天的签字仪式。顿巴斯燃料和能源公司业务主要集中在乌克兰中部和东部,负责为乌全国330万普通用户和约8万家工业企业供电、供热。

假设中国机械设备工程股份有限公司需一次性投资1.7亿欧元,兑换比率是1∶7.73,总投资为13亿元,预计使用年限为50年,残值率为8%,投产后每年可获得净利润4000万元。该公司设备采用直线法计提折旧。

要求:
1)计算甲方案的固定资产年残值。
2)计算甲方案的固定资产年折旧额。
3)计算建设期现金净流量。
4)计算营业期现金净流量。
5)计算终结期现金净流量。
6)计算画出现金流量图。

解析:
1)固定资产年残值=13×8%=1.04(亿元)。
2)固定资产年折旧额=13×(1-8%)/50=0.24(亿元)。
3)建设期现金净流量:
$$NCF_0=-13（亿元）$$
4)营业期现金净流量:
$$NCF_{1\sim49}=0.4+0.24=0.64（亿元）$$
5)终结期现金净流量:
$$NCF_{50}=0.4+0.24+1.04=1.68（亿元）$$

6）现金流量图：

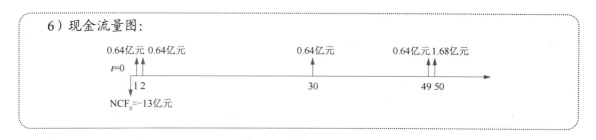

任务二 项目投资决策方案的选择

一、项目投资决策的评价方法

项目投资决策是企业所有决策中最为关键、最为重要的决策。一个重要投资决策的失误往往会使一个企业陷入困境，甚至破产。因此，财务管理的一项极为重要的职能就是为企业做好投资决策。项目投资评价时使用的方法指标分为两大类：一类是折现指标，即考虑了时间价值因素的指标，主要包括净现值、现值指数和内含报酬率；另一类是非折现指标，即不考虑时间价值因素的指标，主要有静态投资回收期和会计收益率，具体如表6-4所示。根据评价指标的类别，投资评价方法可分为折现评价法和非折现评价法两种。项目投资的期限较长，不同时间点的现金流量的时间价值差异大，因此对投资项目进行评价的主要指标是折现指标，辅助指标是非折现指标。

表6-4 项目投资评价时使用的方法指标

分类	内容
非折现指标（不考虑时间价值因素的指标）	静态投资回收期
	投资收益率
折现指标（考虑了时间价值因素的指标）	净现值
	现值指数
	内含报酬率

二、项目投资决策的选择应用

1. 静态投资回收期评价方法的应用

静态投资回收期（简称回收期），是指以投资项目经营净现金流量抵偿原始总投资所需要的全部时间。静态投资回收期有"包括建设期的投资回收期"和"不包括建设期的投资回收期"两种形式，其单位通常用"年"表示。投资回收期一般从建设开始年算起，也可以从投资年开始算起，计算时应具体注明。

静态投资回收期可以在一定程度上反映出项目方案的资金回收能力，其计算简便，有助于对技术更新较快、资金短缺或未来情况难以预测的项目进行评价。但它不能考虑资金的时间价值，也没有对投资回收期以后的收益进行分析，从中无法确定项目在整个寿命期的总收益和获利能力，其具体优缺点如表 6-5 所示。

表 6-5 静态投资回收期的优缺点

优缺点	内容
优点	① 计算简便，易于理解； ② 考虑了风险因素，是一种较为保守的方法
缺点	① 没有考虑货币时间价值； ② 只考虑了未来现金流量（或现值）总和中等于原始投资额（或现值）的部分，没有考虑超过原始投资额（或现值）的部分

2. 每年现金净流量相等时静态投资回收期评价方法的应用

如果某一项目的投资均集中发生在建设期内，投产后一定期间内每年经营净现金流量相等，且其合计大于或等于原始投资额，可按图 6-6 所示公式直接求出不包括建设期的投资回收期。

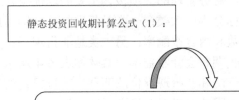

不包括建设期的投资回收期=原始投资合计/投产后前若干年每年相等的净现金流量

包括建设期的投资回收期=不包括建设期的投资回收期+建设期

图 6-6 静态投资回收期的计算公式图（1）

3. 每年现金净流量不相等时静态投资回收期评价方法的应用

如果每年现金净流量不相等，在计算回收期时，必须按累计现金净流入量计算，直至现金净流入量与投资额相等，即在财务现金流量表的"累计净现金流量"一栏中，包括建设期的投资回收期恰好是累计净现金流量为零的年限。但是一般无法在"累计净现金流量"栏上找到零，必须按图 6-7 所示公式计算包括建设期的投资回收期。

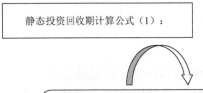

包括建设期的投资回收期=最后一项为负值的累计净现金流量对应的年数

+最后一项为负值的累计净现金流量绝对值/下年净现金流量

图 6-7 静态投资回收期的计算公式图（2）

案例指导 6-2

家电企业是中国制造的中坚力量,也是开拓海外市场的生力军。甲集团已经孜孜不倦地耕耘了 20 年,实现了从产品、技术、人才、资本到品牌等的全球化扩张态势,踏上了"实施全球化资源协同"的新征程,智能电视、智能冰箱、智能空调产品等海外市场占有率稳步提升。假设当前甲集团有三个项目投资方案,具体如表6-6所示。

表6-6 投资方案有关资料

项目计算期(年末)	0	1	2	3	4	5
A方案现金净流量	−100	25	25	25	25	25
B方案现金净流量	−100	32	32	32	32	32
C方案现金净流量	−100	10	30	40	50	60

要求:
1)求 A 方案的静态投资回收期。
2)求 B 方案的静态投资回收期。
3)求 C 方案的静态投资回收期。
4)求最优方案。

解析:
1)A 方案的静态投资回收期=100/25=4(年)。
2)B 方案的静态投资回收期=100/32=3.125(年)。
3)C 方案的静态投资回收期需要列表计算,具体内容如表6-7所示。

表6-7 C方案累计现金净流量计算表

项目计算期(年末)	0	1	2	3	4	5
C方案现金净流量	−100	10	30	40	50	60
累计现金净流量	−100	−90	−60	−20	30	90

从表6-7可知,C方案的静态投资回收期介于3年与4年之间,根据表6-7 C方案的静态投资回收期=3+|−20|/50=3.4(年)。

4)B 方案的静态投资回收期最短因此风险最小,选择最优 B 方案。

4. 投资利润率评价方法的应用

投资利润率反映的是年净收益与投资总额的比率。投资利润率评价方法是通过比较各方案的投资回收率,选择最优投资方案的方法。这种方法在使用上有一定的局限性,其优缺点如表6-8所示。

表6-8 投资利润率评价方法的优缺点

优缺点	内容
优点	公式简便,易于理解
缺点	没有考虑货币时间价值;不能正确反映投资额不同对项目的影响

投资项目的投资利润率越高越好,低于无风险投资利润率的方案为不可行方案,其计算公式如图 6-8 所示。

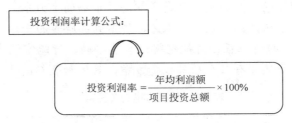

图 6-8　投资利润率计算公式图

案例指导 6-3

中国路桥公司牵头的中国企业联合体成功竞得该国佩列沙茨跨海大桥和连接线一期工程项目。佩列沙茨大桥是一座设计长度超过 2 400 米的四车道公路斜拉桥,连接了克罗地亚陆地南端和佩列沙茨半岛。该项目预估造价超过约合 25 亿元,是克罗地亚独立以来规模最大的战略性基建项目。这一项目于 2016 年开始资格预审,2017 年进入报价投标阶段,项目承诺工期 36 个月,完成后将成为中国企业在克罗地亚承揽的最大项目。假设当前中国路桥公司有三个项目投资方案,具体如表 6-9 所示。

表 6-9　中国路桥公司投资方案有关资料

项目计算期(年末)	0	1	2	3	4	5
A 方案现金净流量	−25	4	4	4	4	4
B 方案现金净流量	−25	4	5	8	5	4
C 方案现金净流量	−25	6	4	4	8	8

要求:
1)求 A 方案的投资利润率。
2)求 B 方案的投资利润率。
3)求 C 方案的投资利润率。
4)求最优方案。

解析:
1)A 方案的投资利润率 $=\dfrac{\text{年均利润额}}{\text{项目投资总额}}\times 100\%=\dfrac{4}{25}=16\%$。

2)B 方案的投资利润率 $=\dfrac{\text{年均利润额}}{\text{项目投资总额}}\times 100\%=\dfrac{(4+5+8+5+4)/5}{25}\times 100\%=20\%$。

3)C 方案的投资利润率 $=\dfrac{\text{年均利润额}}{\text{项目投资总额}}\times 100\%=\dfrac{(6+4+4+8+8)/5}{25}\times 100\%=24\%$。

4)因为 C 方案的投资利润率最高,因此选择 C 方案。

5. 净现值评价方法的应用

净现值(net present value,NPV)是指某一特定方案未来现金流入量的现值与未来现金流出量的现值之间的差额。净现值也可以理解为投资项目全部寿命期内，各年现金净流量现值的代数和，即现金流量总现值。其中贴现率的参考标准有三种：第一，以市场利率为标准；第二，以投资者希望获得的预期最低投资报酬率为标准；第三，以企业平均资本成本率为标准。

净现值评价方法就是按净现值大小来评价方案优劣的一种方法。净现值大于零则方案可行，且净现值越大，方案越优，投资效益越好。当净现值为零时，说明方案的投资报酬刚好达到所要求的投资报酬。所以，净现值的经济实质是投资方案报酬超过基本报酬后的剩余收益。净现值评价方法的优缺点如表6-10所示，净现值的计算公式如图6-9所示。

表6-10 净现值评价方法的优缺点

优缺点	内容
优点	适应性强，能基本满足项目年限相同的互斥投资方案的决策；能灵活的考虑投资风险
缺点	所采用的贴现率不易确定； 不便于对原始投资额不相等的独立投资方案进行决策； 不能对寿命期不同的互斥投资方案进行直接决策

净现值计算公式：

净现值=未来现金净流量现值-原始投资额现值
　　　=未来现金净流入量现值-未来现金净流出量现值

图6-9 净现值计算公式图

案例指导6-4

中国长安汽车集团股份有限公司（以下简称中国长安），原名中国南方工业汽车股份有限公司，成立于2005年12月，2009年7月1日更为现名，是中国四大汽车集团之一，总部设在北京。中国长安始终坚持"以我为主，自主创新"的发展模式，形成了整车、零部件、动力总成、商贸服务四大主业板块，拥有强大的整车制造和零部件供应能力。在做大做强自主品牌的同时，中国长安以开放的胸怀、全球的视野，不断加大国际领域的战略合作。假设在2018年中国长安为扩大生产线，投入资本1 000万元，未来连续4年每年获得的收益为350万元，贴现率为10%，现金流量详细的内容如表6-11所示。

表6-11 项目现金净流量计算表

项目计算期（年末）	0	1	2	3	4
项目现金净流量	-1 000	350	350	350	350

要求：
1）画出现金流量时间图。
2）项目的净现值是多少？
3）项目是否可行？

解析：

1）

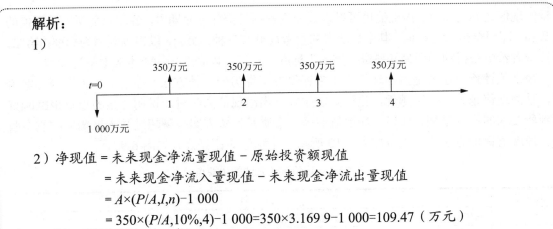

2）净现值 = 未来现金净流量现值 − 原始投资额现值
       = 未来现金净流入量现值 − 未来现金净流出量现值
       = $A×(P/A,I,n)$ − 1 000
       = 350×(P/A,10%,4) − 1 000 = 350×3.169 9 − 1 000 = 109.47（万元）

3）因为净现值为 109.47 万元，大于零，所以项目可行。

6. 现值指数评价方法的应用

现值指数（profitability index，PI）又称获利指数或利润指数，是指投资项目未来现金净流量的总现值与原始投资现值之比。如果投资项目的现值指数大于或等于 1，表明该投资项目的投资报酬率高于或等于预定的贴现率，该项目可以接受；如果投资项目的现值指数小于 1，表明该投资项目的投资报酬率低于预定的贴现率，该项目则不可以接受。现值指数评价方法的优缺点如表 6-12 所示。在多个备选项目的互斥选择中，应接受现值指数大于 1 最多的投资项目。现值指数的计算公式如图 6-10 所示。

表 6-12 现值指数评价方法的优缺点

优缺点	内容
优点	考虑了货币的时间价值，可以反映资金投入与总产出的比
缺点	计算复杂，无法反映企业的实际收益水平

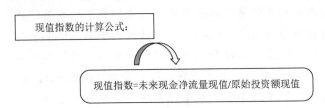

图 6-10 现值指数的计算公式

案例指导 6-5

接案例指导 6-4 数据，分析企业的现值指数。

要求：

1）求项目的现值指数。
2）项目是否可行？

> **解析：**
> 1）项目的现值指数 = 未来现金净流量现值/原始投资额现值
> $= 350 \times (P/A, 10\%, 4) / 1\,000 = 1.11$
> 2）因为现值指数为 1.11，大于 1，所以项目可行。

7. 内涵报酬率评价方法的应用

内涵报酬率（internal rate of return，IRR），又称内含报酬率、内部报酬率，是指能够使未来现金流入量现值等于未来现金流出量现值的折现率，或者说是使投资方案净现值为零时折现率。内涵报酬率是一个相对数指标，和现值指数一样在一定程度上反映一个投资项目投资效率高低，所以这类评价指标通常是用于独立方案决策，也就是备选方案之间是相互独立的。该方法具有一定的优缺点，具体如表 6-13 所示。对于项目方案，当未来每年现金净流量相等时，利用年金现值系数表，然后通过内插法求出内含报酬率。当未来每年现金净流量不相等时，通过逐次测试法，先通过逐步测试找到使净现值一个大于 0，一个小于 0 的，并且最接近的两个折现率，然后通过内插法求出内含报酬率，具体计算公式如图 6-11 所示。

表 6-13 内涵报酬率的优缺点

优缺点	内容
优点	反映了投资项目可能达到的报酬率，易于理解；适用于原始投资额现值不同的独立投资方案的比较决策
缺点	计算复杂；不易直接考虑投资风险大小；不适用于原始投资额现值不相等的互斥投资方案决策

内涵报酬率计算公式：

令净现值等于零，即 NPV=0，

$$IRR = r_1 + \frac{NPV_1(r_2 - r_1)}{NPV_1 - NPV_2} \times 100\%$$

其中，r_1，r_2 分别为使净现值为正、负数的低、高贴现率；NPV_1 为按低贴现率计算的净现值（正数）；NPV_2 为按高贴现率计算的净现值（负数）。

图 6-11 内涵报酬率的计算公式图

> **案例指导 6-6**
>
> 接案例指导 6-4 数据，当市场利率为 10% 时，中国长安汽车集团股份有限公司投资生产线项目的投资回报率为多少？投资是否获得了收益？
>
> **解析：**
> 先令 NPV = 0，即 $A \times (P/A, i, n) - 1\,000 = 0$，$350 \times (P/A, i, 4) - 1\,000 = 0$。

当贴现率为14%时，NPV = 19.795。
当贴现率为i%时，NPV = 0。
当贴现率为15%时，NPV = −0.75。

$$IRR=14\%+\frac{19.795\times(15\%-14\%)}{19.795-(-0.75)}=14.96\%$$

IRR>10%，因此公司应该投资B项目。

三、项目投资决策的技能实训

技能实训6-2

铁路改造项目投资决策分析

中国铁建大桥工程局集团有限公司是世界500强中国铁建所属的中央企业，是集施工、设计、科研、地产、物流为一体的大型工程总承包企业，具备在江河湖海等地质水文条件下修建各类桥梁的能力。2017年，中国铁建大桥工程局集团在达卡与孟加拉国铁路局签署一份金额为15.45亿美元的铁路改造项目合同。据介绍，这一项目位于孟加拉国东北部，南起阿考拉，北至锡尔赫特，铁路沿线地区资源丰富，是孟加拉国经济发达地区之一。项目线路全长176千米，工程内容包括路基、桥涵、站场、站房及轨道建设等，工期4年半。专业人士表示，该项目的实施，一方面有利于在孟加拉国相关领域推广和使用中国铁路技术标准，带动中国装备出口，推动两国产能合作；另一方面，由于项目建设用工本土化，施工期间将为孟加拉国当地居民提供不少就业机会。假设企业计划开发一个新项目，该项目的寿命期为5年，需投资固定资产120 000元，需垫支营运资金100 000元，5年后可收回固定资产残值为15 000元，用直线法提折旧。投产后，预计每年的销售收入可达120 000元，相关的材料和人工等变动成本64 000元，每年的设备维修费为5 000元。该公司要求的最低投资收益率为10%，适用的所得税税率为25%。

要求：
1）计算固定资产年折旧额。
2）计算建设期现金净流量、营业期现金净流量、终结期现金净流量。
3）计算项目净现值，并利用净现值法对是否开发该项目做出决策。
4）计算现值指数，并用现值指数法进行决策。
5）计算内含报酬率，并利用内涵报酬率法对是否开发该项目做出决策。
6）根据上面的决策结果，说明对于单一项目的决策，应该选择哪一种指标。

解析：
1）固定资产年折旧额=（120 000−15 000）/5=21 000（元）
2）建设期现金净流量：
$$NCF_0=-120\,000-100\,000=-220\,000（元）$$
营业期现金净流量：
$$NCF_{1-4}=(120\,000-64\,000-5\,000-21\,000)\times(1-25\%)+21\,000=43\,500（元）$$

终结期期现金净流量：
$$NCF_5=43\ 500+100\ 000+15\ 000=158\ 500（元）$$

3）净现值$=-220\ 000+43\ 500×(P/A,10\%,4)+158\ 500×(P/F,10\%,5)$
$=-220\ 000+43\ 500×3.169\ 9+158\ 500×0.620\ 9$
$=-220\ 000+137\ 890.65+98\ 412.65=16\ 303.3（元）$

该项目的净现值大于零，说明开发新项目是可行的。

4）现值指数$=[43\ 500×(P/A,10\%,4)+158\ 500×(P/F,10\%,5)]/\ 220\ 000$
$=43\ 500×3.169\ 9+158\ 500×0.620\ 9]/220\ 000$
$=1.07$

该项投资的现值指数大于1，说明该项目是可行的。

5）当$i=14\%$时：
净现值$=-220\ 000+43\ 500×(P/A,14\%,4)+158\ 500×(P/F,14\%,5)$
$=-220\ 000+43\ 500×2.913\ 7+158\ 500×0.519\ 4=-10\ 929.15（元）$

当$i=12\%$时：
净现值$=-220\ 000+43\ 500×(P/A,12\%,4)+158\ 500×(P/F,12\%,5)$
$=-220\ 000+43\ 500×3.037\ 3+158\ 500×0.567\ 4=2\ 055.45（元）$

$$内涵报酬率=12\%+\frac{0-2\ 055.45}{-10\ 929.15-2\ 055.45}×(14\%-12\%)=12.32\%$$

该项目内含报酬率12.32%大于要求的最低投资收益率10%，所以开发新项目是可行的。

6）根据上面的决策结果可以看出，对于单一项目的决策，净现值、现值指数和内含报酬率的决策结果是一样的。

财务活动——营运管理分析与决策应用

1. 了解营运资金的含义和特点;
2. 掌握营运资本管理的技巧与方法;
3. 掌握短期借款筹资技巧与方法;
4. 掌握合理利用商业信用的技巧与方法。

中美施贵宝制药营运管理困境

中美施贵宝制药有限公司是中国第一家中美合资制药企业,自 1982 年成立以来在营销策略方面极为成功。但是公司意识到,一方面,激烈的市场竞争使企业越来越多地赊销以争取更多的客户;另一方面,我国市场化程度较低、法制不健全,以及由此造成的诚信缺失,企业间相互拖欠货款的现象十分严重,造成企业的现金和银行存款流入较少,应收账款数额居高不下。单纯追求销售收入和销售利润的实现并不意味着企业财务管理目标的实现。只有应收账款收回时,销售收入才能转化为现金,如果不能把销售收入迅速变为现金,盈利企业就会面临不能偿还到期债务的危机。因此,该公司决定加强营运资金管理,采取积极有效的应收账款管理措施,运用信用政策保证销售收入的真正实现。请思考以下问题:

1) 什么是营运资金管理?其财务意义与管理意义又是什么?
2) 企业的应收账款管理方法有哪几种?
3) 企业的信用政策包括哪些方面?信用政策的改变如何影响企业的风险和收益?

预备知识 营运资金管理概述

一、营运资金基本知识

企业日常财务控制主要是对营运资金进行管理。营运管理包括流动资金管理和流动负债管理。有效的营运资金管理，要求企业以一定量的净营运资金为基础，正常从事生产经营活动。企业应在风险和收益之间进行权衡，既要防止营运资金不足，又要避免营运资金过多，从而将营运资金的数量控制在一定的范围内。企业营运资金管理的具体内容如图7-1所示。

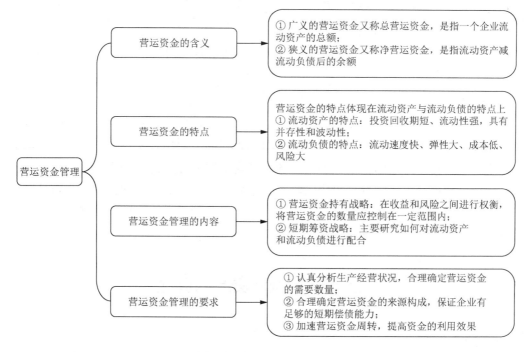

图 7-1　企业营运资金管理

二、营运资金管理策略

1. 流动资产投资策略的分类

流动资产是企业生产经营活动的必要条件，其投资的核心不在于流动资产本身的多寡，而在于流动资产能否在生产经营中有效发挥作用，即流动资金的周转与企业的经济效益能否一致。以流动资产和销售收入的比率为准进行分类，可将流动资产投资策略分为紧缩的流动资金投资策略和宽松的流动资产投资策略。详细内容如表7-1所示。

表 7-1　流动资产投资策略

种类	特点
紧缩的流动资产投资策略	① 维持低水平的流动资产与销售收入比率； ② 高风险、高收益
宽松的流动资产投资策略	① 维持高水平的流动资产与销售收入比率； ② 低风险、低收益。对流动资产的高投资可能导致较低的投资收益率，但由于较高的流动性，企业的财务与经营风险较小

2. 流动资产投资策略的制定

流动资产投资策略的决策目标是节省流动资金的使用和占用，最好地实现企业利润。制定流动资产投资策略的影响因素如表7-2所示。

表 7-2 制定流动资产投资策略的影响因素

影响因素	说明
权衡收益与风险	① 增加流动资产投资：增加持有成本，降低收益性，提高资产流动性，减少短缺成本； ② 减少流动资产投资：降低持有成本，增加收益性，降低资产流动性，增加短缺成本。 最优的流动资产投资应该是使流动资产的持有成本和短缺成本之和最低
融资能力	许多企业由于上市和短期借贷较为困难，通常采用紧缩的投资策略
产业因素	对于销售边际毛利较高的产业，如果从额外销售中获得的利润超过额外应收账款所增加的成本，宽松的信用政策可能为企业带来更为可观的收益
影响企业政策的决策者	① 运营经理通常喜欢高水平的原材料，以便满足生产所需； ② 销售经理喜欢高水平的产成品存货以便满足顾客的需要，而且喜欢宽松的信用政策以便刺激销售； ③ 财务管理人员喜欢使存货和应收账款最小化，以便使流动资产融资的成本最低

在流动资产投资策略中，保守型投资策略的流动资产投资规模最大，进取型投资策略的流动资产投资规模最小，稳健型投资策略则介于保守型和进取型之间。联系收益性与风险性考察，保守型投资策略的风险最小，但收益性差；进取型投资策略的风险最大，但可望获取的收益最大；稳健型投资策略则介于两者之间。

任务一 流动资产的管理

一、现金管理

1. 企业持有现金的动机

企业持有一定数量现金的动机主要包括以下三个：交易性动机、预防性动机、投机性动机。企业在确定现金余额时，一般综合考虑各方面的持有动机。除上述原因外，企业也会基于满足将来某一特定要求或者为在银行维持补偿性余额等其他原因持有现金。企业的现金持有量一般小于三种动机需求下的现金持有量之和，详细内容如表 7-3 所示。

表 7-3 持有现金的动机

动机	含义	影响因素
交易性动机	企业为了维持日常周转及正常商业活动所需持有的现金	① 向客户提供的商业信用条件；（同向） ② 从供应商那里获得的信用条件；（反向） ③ 业务的季节性
预防性动机	企业需要维持充足现金，以应付突发事件	① 企业愿冒现金短缺风险的程度； ② 企业预测现金收支的可靠程度； ③ 企业临时融资的能力
投机性动机	企业为了抓住突然出现的获利机会而持有的现金	金融市场投资机会

2. 企业持有现金的成本

现金持有成本即持有现金所放弃的报酬，是持有现金的机会成本，这种成本通常是以有价证券的利息率来计算的，它与现金余额成正比例关系。详细内容如表 7-4 所示。

表7-4 持有现金的成本

相关成本	含义	与现金持有量的关系
机会成本	因持有一定现金余额而丧失的再投资收益	正相关
管理成本	因持有一定数量的现金而发生的管理费用（一般认为是固定成本）	
短缺成本	现金持有量不足而又无法及时通过有价证券变现加以补充而给企业造成的损失	负相关

注：决策原则：三项成本之和最小的现金持有量即为最佳现金持有量，即最佳现金持有量=min（管理成本+机会成本+短缺成本）。

3. 最佳现金持有量

最佳现金持有量又称为最佳现金余额，是指既能满足生产经营的需要，又能使现金使用的效率和效益最高时的现金最低持有量，即能够使现金管理的机会成本与转换成本之和保持最低的现金持有量。就企业而言，最佳持有量意味着现金余额为零，但是，基于交易、预防、投机动机的要求，企业又必须保持一定数量的现金。企业能否保持足够的现金余额，对于降低或避免经营风险与财务风险具有重要意义。确定最佳现金持有量的模式主要有成本分析模式、存货模式、随机模式及现金周转模式。

（1）成本分析模式

成本分析模式是根据现金有关成本，分析预测其总成本最低时现金持有量的一种方法。运用成本分析模式确定最佳现金持有量时，只考虑因持有一定量的现金而产生的机会成本及短缺成本，而不考虑管理费用和转换成本。运用成本分析模式确定最佳现金持有量的步骤：首先，根据不同现金持有量测算并确定有关成本数值；其次，按照不同现金持有量及其有关成本资料编制最佳现金持有量测算表；最后，在测算表中总成本最低时的现金持有量即最佳现金持有量。在这种模式下，最佳现金持有量就是因持有现金而产生的机会成本与短缺成本之和最小时的现金持有量。

案例指导7-1

某企业有四种现金持有方案，其相关成本资料如表7-5所示。

表7-5 甲、乙、丙、丁现金持有方案及现金持有总成本　　　　　单位：元

现金方案	甲	乙	丙	丁
现金持有量	10 000	30 000	60 000	90 000
机会成本	2 000	4 000	6 000	8 000
管理成本	2 500	2 500	2 500	2 500
短缺成本	9 000	6 000	1 500	0
总成本	13 500	12 500	10 000	10 500

确定最佳现金持有量的成本分析模式下，一般考虑企业持有现金的三种相关成本：机会成本、管理成本和短缺成本。这三项成本之和最小的现金持有量，就是最佳现金持有量。该案例中，丙方案总成本最低，即当企业持有60 000元现金时，持有现金的总成本最低，对企业最划算，所以60 000元就是该企业的最佳现金持有量。

(2) 存货模式

存货模式是将存货经济订货批量模型原理用于确定目标现金持有量的一种方法,其着眼点也是现金相关成本之和最低。运用存货模式确定最佳现金持有量时,是以下列假设为前提的:①企业所需要的现金可通过证券变现取得,且证券变现的不确定性很小;②企业预算期内现金需要总量可以预测;③现金的支出过程比较稳定、波动较小,而且每当现金余额降至零时,均通过部分证券变现得以补足;④证券的利率或报酬率及每次固定性交易费用可以获悉。如果这些条件基本得到满足,企业便可以利用存货模式来确定最佳现金持有量。存货模式最佳现金持有量计算公式如图7-2所示。

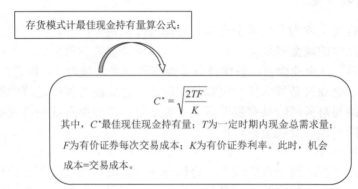

图7-2 存货模式最佳现金持有量计算公式图

案例指导 7-2

某企业现金收支状况比较稳定,预计全年(按360天计算)需要现金360 000元,现金与有价证券的转换成本为每次300元,有价证券收益率为6%,试确定该企业的最佳现金持有量。

解析:

确定最佳现金持有量的存货模式下,运用企业管理存货的经济批量模型将持有现金的机会成本(类似存货的储存费用)与有价证券的转换成本(类似每次的采购费用)进行权衡,求得二者之和(总成本)最小时的现金持有量为最佳现金持有量。计算如下:

$$C^* = \sqrt{\frac{2TF}{K}} = \sqrt{\frac{2 \times 360\,000 \times 300}{6\%}} = 60\,000(元)$$

即,该企业的最佳现金持有量为60 000元。

(3) 随机模式

随机模式是在现金需求难以预知的情况下进行的确定现金持有量的方法。企业可以根据历史经验和需求,预算出一个现金持有量的控制范围,制定出现金持有量的上限和下限,并争取将企业现金持有量控制在这个范围之内。随机模式的原理是制定一个现金控制区域,定出上限与下限(即现金持有量的最高点与最低点),当余额达到上限时将现金转换为有价证券,降至下限时将有价证券换成现金。随机模式相关计算公式如图7-3所示。

> **随机模式相关计算公式：**
>
> $$R = \sqrt[3]{\frac{3FQ^2}{4K}} + L \qquad H = 3R - 2L$$
>
> 其中，H为控制上限；L为控制下线；R为预测的目标现金余额，即现金返回线（最佳现金持有量）；Q为最佳现金持有量（每次证券变现的数量）。当现金升至H时需购进$H-R$金额的有价证券；当现金余额降至L时需出售$R-L$金额的有价证券；使现金回到R上。

图7-3 随机模式相关计算公式

案例指导 7-3

假设某企业每天净现金余额波动的标准差为5 000元，有价证券的年利息率为10%，每次固定转换成本为100元，企业规定任何时候其银行活期存款和现金余额不能低于10 000元。在随机模式下，该企业现金返回线和控制上限为多少？

解析：

企业可以根据历史经验和现实需要，确定一个现金持有量的控制限额，当现金量在控制限额的上下限之间时，不必进行现金和有价证券的转换。

现金返回线：$R = \sqrt[3]{\dfrac{3FQ^2}{4K}} + L = \sqrt[3]{\dfrac{3 \times 100 \times 5\,000^2}{4 \times \dfrac{10\%}{360}}} + 10\,000 = 28\,899(元)$

控制上限：$H = 3R - 2L = 3 \times 28\,899 - 2 \times 10\,000 = 66\,697(元)$

（4）现金周转模式

现金周转模式是按现金周转期来确定最佳现金余额的一种方法。现金周转期是指现金从投入生产经营开始，到最终转化为现金所需的时间。现金周转模式作为一种确定最佳现金持有量的计算方式，全面地描述了存货资金周转的过程，为准确计算存货资金周转期提供了有效的依据。现金周转模式最佳现金持有量计算公式如图7-4所示。

> **现金周转模式最佳现金持有量计算公式：**
>
> 最佳现金持有量＝全年现金需求量/现金周转率

图7-4 现金周转期模式最佳现金持有量计算公式图

案例指导 7-4

某企业的原材料购买和产品销售均采用信用方式，其应收账款的平均收款期为50天，应付账款的平均付款期为40天，从原材料购买到产成品销售的期限平均为80天。

> 该企业现金年度需求总量为270万元，假设一年按360天计算，则企业最佳现金持有量为多少？
>
> **解析：**
> 确定最佳现金持有量的现金周转期模式是根据现金周转期来计算最佳现金持有量的，包括三个步骤：计算现金周转期、计算现金周转率、计算最佳现金持有量。
> 现金周转期=存货周转期+应收账款周转期-应付账款周转期=80+50-40=90（天）
> 现金周转率=计算期天数/现金周转期=360/90=4（次）
> 最佳现金持有量=全年现金需求量/现金周转率=270/4=67.5（万元）

二、应收账款管理

应收账款管理是指在赊销业务中，从销售商将货物或服务提供给购买商，债权成立开始，到款项实际收回或作为坏账处理结束，授信企业采用系统的方法和科学的手段，对应收账款回收全过程所进行的管理。应收账款管理的目的是保证足额、及时地收回应收账款，降低和避免信用风险。应收账款管理是信用管理的重要组成部分，属于企业后期信用管理范畴。

1. 应收账款的功能

在激烈的商业竞争中，企业为了获得利润，就要销售商品，取得销售收入。收入的多少是检验企业经营成果的依据，特别是在市场经济条件下，有无经营成果，决定着企业的命运，所以说，企业只有有收入才能有利润。企业为了取得销售收入就会采取多种方法促进销售、减少存货，而赊销就是重要手段之一。赊销会产生应收账款，它吸引了大量客户，增加了销售额，为企业带来了效益，可以说应收账款对企业的经营有着重大的影响。

2. 应收账款的成本

（1）机会成本

应收账款的机会成本是指现金不能收回而丧失再投资机会的损失。应收账款的机会成本取决于平均回收期的长短、应收账款的持有量、一级企业的平均投资收益率。机会成本是与上述三个因素呈正相关的。应收账款机会成本=维持赊销业务所需资金（=应收账款平均余额×变动成本率）×资金成本率（可按有价证券利息率计算）。

（2）管理成本

应收账款管理成本主要有调查客户信用情况的费用、催收和组织收账的费用、其他与管理有关的费用。现代企业中大多设有专门信用管理部门，用以协助制定和执行公司的信用政策，建立客户档案管理数据库，评估客户，审核信用额度，监控应收账款，执行收账政策。这一部门发生的日常费用就是类似于固定费用的管理成本，它不会随着应收账款数额的增加而增加。催收和组织收账的费用与应收账款的数量及应收账款的时间成正方向变动，又与坏账成本成反方向的变动。

（3）坏账成本

坏账成本是指应收账款不能收回而形成的所谓坏账给企业造成的损失。坏账率的高低取决于企业的信用政策和收账政策。一般来说，信用政策越苛刻，其坏账率就越低。在其他条件不变的情况下，在一定的范围内，收账费用越多，坏账损失率就越低，且平均收账期也越短。从另一个角度来说，坏账成本就是企业的账款违约风险带来的损失。站在坏账成本就是违约风险带来的损失这个角度来讨论坏账成本，账款的违约率和账款的持有时间是成正向变动的。

3. 应收账款的信用策略

信用标准是指信用申请者获得企业提供信用所必须达到的最低信用水平，通常以预期的坏账损失率作为判别标准。

如果企业执行的信用标准过于严格，可能会降低对符合可接受信用风险标准客户的赊销额，减少坏账损失，减少应收账款的机会成本，因此会限制公司的销售机会。如果企业执行的信用标准过于宽松，可能会对不符合可接受信用风险标准的客户提供赊销，因此会增加随后还款的风险并增加应收账款的管理成本与坏账成本。应收账款信用策略的主要内容包括信用标准、信用条件和收账策略。

（1）信用标准

信用标准是指顾客获得企业的交易信用所应具备的条件。如果顾客达不到信用标准，便不能享受企业的信用优惠或只能享受较低信用优惠。企业在设定某一顾客的信用标准时，往往先要评估其赖账的可能性。这可以通过5C评估法来进行。所谓5C评估法，是对顾客5个方面的信用品质进行定性评估，详细内容如表7-6所示。

表7-6 5C评估法的主要内容

5C	含义
品质（character）	指个人申请人或公司申请人管理者的诚实和正直表现。这是"5C"中最主要的因素
能力（capacity）	指经营能力
资本（capital）	指如果企业或个人当前的现金流不足以还债，其在短期和长期内可供使用的财务资源
抵押（collateral）	指当公司或个人不能满足还款条款时，可以用作债务担保的资产或其他担保物
条件（condition）	指影响申请人还款能力和还款意愿的经济环境

（2）信用条件

信用条件指企业接受客户信用订单时所提出的付款要求。一旦企业决定给予客户信用优惠，就需考虑具体的信用条件，如信用期限、折扣期限及现金折扣。信用期限是企业允许顾客从购货到付款的时间，或者说是企业给予顾客的付款期限。折扣条件包括现金折扣和折扣期限，其中，现金折扣是企业对顾客在商品价格上的扣减。

信用条件如为"1/10，N/20 1/10，N/20"，意味着信用期限为20天，若在10天内还清账款，可享受1%的现金折扣。

（3）收账策略

收账策略指当客户违反信用条件，拖欠甚至拒付款项时企业应采取的收账策略与措施。

4. 应收账款的日常管理

（1）调查客户信用

信用调查是指收集和整理反映客户信用状况的有关资料的工作，是企业应收账款日常管理的基础，也是正确评价客户信用的前提条件。调查方法以直接调查为主，调查人员通过与被调查单位进行直接接触，通过当面采访、询问、观看等方式获取信用资料。

（2）评估客户信用

评估客户信用采用 5C 评估法，对客户信用进行等级划分，将客户信用等级分成两类，如表 7-7 所示。

表 7-7 客户信用等级

信用等级	分类
三类九等	AAA（最优）、AA、A、BBB、BB、B、CCC、CC、C
三级制	AAA、AA、A

三、存货管理

1. 存货管理的目标

存货管理是企业购销链管理的核心，对保证生产正常进行、促进销售、维持均衡生产、降低产品成本、减少存货取得成本起着重要作用。存货管理目标的实现，可以帮助企业仓库管理人员对库存商品进行详尽、全面的控制和管理，帮助库存会计进行库存商品的核算。

存货管理提供的各种库存报表和库存分析可以为企业的决策提供依据，实现降低库存、减少资金占用、避免物品积压或短缺的目标，以保证企业经营活动顺利进行。

2. 存货的成本

取得成本是指为取得某种存货而支出的成本，通常用 TCa 来表示，包括订货成本和购置成本两部分。

订货成本的计算公式为

$$订货成本 = F_1 + \frac{D}{Q} \cdot K$$

其中，F_1 为订货固定成本；D 为存货年需要量；Q 为每次进货量；K 为每次订货的变动成本。

购置成本是指存货本身的价值，购置成本=DU。其中，D 为存货年需要量；U 为存货单价。

（1）取得成本

订货成本指取得订单的成本，如办公费用、差旅费用、电报电话费用等支出。订货成本又分为变动成本与固定成本，变动成本与订货次数有关，如差旅费、邮费等；固定成本则与订货次数无关，如采购人员的基本工资等。

取得成本的计算公式如图 7-5 所示。

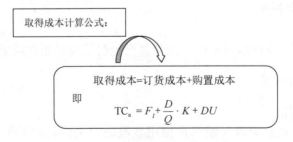

图 7-5 取得成本计算公式图

(2) 存储成本

存储成本是指为保持存货而发生的成本，通常用 TC_C 表示，包括存货占用资金应计的利息、仓储费用、保险费用、存货破损和变质损失等。其计算公式为

$$TC_C = F_2 + K_C \cdot \frac{Q}{2}$$

其中。F_2 为存储过程中的固定成本；K_C 为存储过程中变动成本的单位成本；Q 为存储数量。

(3) 缺货成本

缺货成本是指由于存货供应中断而造成的损失（通常用 TC_S 表示），包括材料供应中断造成的停工损失、产成品库存缺货造成的拖欠发货损失和丧失销售机会的损失。

(4) 存货总成本

存货总成本计算公式如图 7-6 所示。

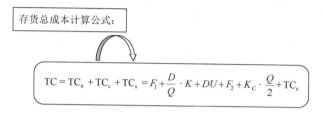

图 7-6 存货总成本计算公式图（1）

3. 存货控制方法

(1) 经济订货基本模型

订货批量概念是根据订货成本来平衡维持存货的成本。了解这种关系的关键是要记住，平均存货等于订货批量的一半。因此，订货批量越大，平均存货量就越大，相应地，每年的维持成本也越高。然而，订货批量越大，每一计划期需要的订货次数就越少，相应地，订货总成本也就越低。把订货批量公式化可以确定精确的数量，据此，对于给定的销售量，订货和维持存货的年度联合总成本是最低的。决策思路：能够使存货的相关总成本达到最低点的进货数量。经济订货基本模型有 7 个基本假设：存货总需求量是已知常数；订货提前期是常数；货物是一次性入库；单位货物成本为常数，无批量折扣；库存储存成本与库存水平呈线性关系；货物是一种独立需求的物品，不受其他货物影响；不允许缺货，即无缺货成本。

设立上述假设后，存货总成本公式可以简化为图 7-7 所示公式。

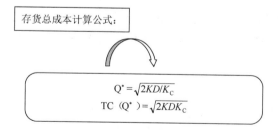

图 7-7 存货总成本计算公式图（2）

案例指导 7-5

某企业每年需耗用 A 材料 45 000 件，单位材料年储存成本 20 元，平均每次订货成本为 180 元，A 材料全年平均单价为 240 元，假定不存在数量折扣，不会出现陆续到货和缺货的现象。A 材料的经济订货批量、最佳进货批次、总成本及经济订货批量平均占用资金分别是多少？

解析：

经济订货量基本模型是从订货成本与存储成本的权衡角度来考虑的。存货控制的目的就是要确定能够使存货中的订货成本与存储成本之和的总成本最低。了解这种关系的关键是平均存货等于订货批量的一半。模型计算式为

经济订货批量 $Q^* = \sqrt{\dfrac{2KD}{K_C}} = \sqrt{\dfrac{2 \times 45\,000 \times 180}{20}} = 900(件)$

最佳进货批次 $N^* = \dfrac{D}{Q^*} = \dfrac{45\,000}{900} = 50(次)$

总成本 $TC(Q^*) = \sqrt{2KDK_C} = \sqrt{2 \times 45\,000 \times 180 \times 2} = 18\,000(元)$

最佳订货周期（天数）$t^* = \dfrac{360}{N^*} = \dfrac{1}{\sqrt{\dfrac{DK_C}{2K}}} = \sqrt{\dfrac{2K}{DK_C}} = 7.2(天)$

经济订货量占用资金 $I^* = \dfrac{Q^*}{2} \times U = \dfrac{\sqrt{\dfrac{2KD}{K_C}}}{2} \times U = \sqrt{\dfrac{KD}{2K_C}} \times U = \dfrac{900}{2} \times 240 = 108\,000(元)$

（2）保险储备

在交货期内，如果对存货的需求量很大，或交货时间由于某种原因被延误，企业可能发生缺货。为防止存货中断，再订货点应等于预计交货期内的需求与保险储备之和，即

再订货点=预计交货期内的需求+保险储备

案例指导 7-6

C 公司是一家冰箱生产企业，全年需要压缩机 360 000 台，均衡耗用。全年生产时间为 360 天，每次的订货费用为 160 元，每台压缩机储存费为 80 元，每台压缩机的进价为 900 元。根据经验，压缩机从发出订单到进入可使用状态一般需要 5 天，保险储备量为 2 000 台。求该企业的再订货点。

解析：

为防止缺货造成的损失，就需要多储备一些存货以备应急之需，称为保险储备。考虑保险储备的再订货点 R=交货时间×平均日需求量+保险储备=5×360 000/360+2 000=7 000（台）。

四、流动资产管理的技能实训

技能实训 7-1

D公司是一家服装加工企业，2017年营业收入为3 600万元，营业成本为1 800万元，日购货成本为5万元。该公司与经营有关的购销业务均采用赊账方式。假设一年按360天计算。D公司简化的资产负债表如表7-8所示。

表7-8　资产负债表（2017年12月31日）　　　　单位：万元

货币资金	211	应付账款	120
应收账款	600	应付票据	200
存货	150	应付职工薪酬	255
流动资产合计	961	流动负债合计	575
固定资产	850	长期借款	300
非流动资产合计	850	负债合计	875
		实收资本	600
		留存收益	336
		所有者权益合计	936
资产合计	1 811	负债和所有者权益合计	1 811

要求：

1）计算D公司2017年的营运资金数额。

2）计算D公司2017年的应收账款周转期、应付账款周转期、存货周转期及现金周转期（为简化计算，应收账款、存货、应付账款的平均余额均以期末数据代替）。

3）在其他条件相同的情况下，如果D公司增加存货，则对现金周转期会产生何种影响？

解析：

1）营运资金=961-575=386（万元）。

2）应收账款周转期=600/(3 600/360)=60（天）。

应付账款周转期=120/5=24（天）。

存货周转期=150/(1 800/360)=30（天）。

现金周转期=60+30-24=66（天）。

3）如果D公司增加存货，则存货周转期将会增长，在其他条件不变的情况下，会使现金周转期增加（或现金周转期延长，或现金周转减速）。

任务二　流动负债的管理

一、短期借款的管理

1. 短期借款的信用条件

1）信贷限额即贷款限额，是借款企业与银行在协议中规定的借款最高限额，信贷额度的有效期限通常为 1 年。（注意：无法律效应，银行并不承担必须提供全部信贷数额的义务。）

2）周转信贷协定，指银行具有法律义务地承诺提供不超过某一最高限额的贷款协定。周转信贷协定的有效期常超过 1 年，但实际上贷款每几个月发放一次，所以这种信贷具有短期和长期借款的双重特点。（注意：①有法律效应，银行必须满足企业不超过最高限额的借款；②贷款限额未使用的部分，企业需要支付承诺费。）

3）补偿性余额，指银行要求借款企业在银行中保持按贷款限额或实际借用额一定比例（通常为 10%～20%）计算的最低存款余额。对借款企业来说，补偿性余额则提高了借款的实际利率。

4）借款抵押。银行根据抵押品面值的 30%～90%发放贷款，具体比例取决于抵押品的变现能力和银行对风险的态度。

5）偿还条件有到期一次偿还和在贷款期内定期（每月、每季）等额偿还，企业希望是前者，而银行希望是后者。

2. 短期借款的成本

短期借款的成本包括利息、手续费等。短期借款成本的确认方法分为以下三种：

1）收款法：

$$i = \left(1 + \frac{r}{m}\right)^m - 1$$

其中，r 为名义利率；m 为每年复利次数。

2）贴现法：

$$i = \frac{利息}{本金 - 利息} = \frac{r}{1-r}$$

3）加息法：

$$i = 名义利率 \times 2$$

案例指导 7-7

某企业向银行借入 100 000 元，期限为 6 个月，年利率为 12%的一笔借款，在复利计息情况下，该笔借款的实际年利率为多少？

解析：

收款法是指在借款到期时企业连本金带利息一并支付给银行的方法，这是最为常见的一种利息支付方式。在复利计息且无其他信用条件下，由于借款期限短于一年，短期借款的实际利率要高于名义利率，实际贷款利率（i）为，

$$i = \left[\left(1 + \frac{r}{m}\right)^m - 1\right] \times 100\% = \left[\left(1 + \frac{12\%}{2}\right)^2 - 1\right] \times 100\% = 12.36\%$$

案例指导 7-8

某企业从银行取得一年的借款 100 000 元,年利率为 7%,贴现法支付利息,该笔借款的实际年利率为多少?

解析:

贴现法是银行向企业发放贷款时,先从本金中扣除利息部分,在贷款到期时借款企业再偿还全部本金的一种计息方法。

$$实际贷款利率(i) = \frac{利息}{本金-利息} \times 100\% = \frac{r}{1-r} \times 100\% = \frac{10 \times 7\%}{10 \times (1-7\%)} \times 100\% = 7.5\%$$

案例指导 7-9

某企业借入年利率为 10% 的贷款 100 000 万元,分 12 个月等额偿还本息,该笔借款的实际年利率为多少?

解析:

加息法是银行发放分期等额偿还贷款时采用的利息收取方法。在这种利息支付方法下,借款企业的借款利率大约为名义利率的两倍。

$$实际贷款利率(i) = 名义利率 \times 2 = 10\% \times 2 = 20\%$$

二、商业信用的管理

1. 商业信用的概念

企业在商品或劳务交易中,以延期付款或预收货款方式进行购销活动而形成的借贷关系,是企业之间的直接信用行为,也是企业短期资金的重要来源。

2. 商业信用形式

商业信用条件常包括以下两种:有信用期,但无现金折扣,如"N/30"表示 30 天内按发票金额全数支付;有信用期和现金折扣,如"2/10,N/30"表示 10 天内付款享受现金折扣 2%,若买方放弃折扣,30 天内必须付清款项。

供应商在信用条件中规定有现金折扣,目的主要在于加速资金回收。企业在决定是否享受现金折扣时,应仔细考虑。通常,放弃现金折扣的成本是高昂的。倘若买方企业购买货物后在卖方规定的折扣期内付款,可以获得免费信用,这种情况下企业没有因为取得延期付款信用而付出代价。放弃折扣的信用成本率决策原则:放弃现金折扣的信用成本率大于短期借款利率(或短期投资报酬率),应选择享受折扣;放弃现金折扣的信用成本率小于短期借款利率(短期投资报酬率),应选择放弃折扣。其计算公式如图 7-8 所示。

应付票据指企业在商品购销活动和对工程价款进行结算中,因采用商业汇票结算方式而产生的商业信用。

销货单位按照合同和协议规定,在发出货物之前向购货单位预先收取部分或全部货款而发生信用行为称为预收货款。购买单位对紧俏商品往往乐于采用这种方式购货;销货方对于生产周期长、造价较高的商品,往往采用预收货款方式销货,以缓和本企业资金占用过多的矛盾。

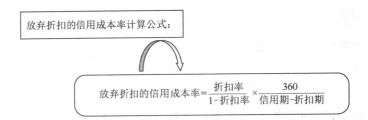

图 7-8 放弃折扣的信用成本率计算公式图

应计未付款也属于商业信用,它是指企业在生产经营和利润分配过程中已经计提但尚未以货币支付的款项,主要包括应付职工薪酬、应缴税金、应付利润或应付股利等。

案例指导 7-10

某公司采购一批材料,供应商报价为 10 000 万元,付款条件为 "3/10、2.5/30、1.8/50、N/90"。目前企业用于支付账款的资金需要在 90 天时才能周转回来,在 90 天内付款,只能通过银行借款解决。如果银行利率为 12%,确定公司材料采购款的付款时间和价格。

要求:
1) 计算放弃折扣信用成本率,判断应否享受折扣。
2) 确定公司材料采购款的付款时间和价格

解析:

1) 放弃折扣的信用成本率 $=\dfrac{折扣率}{1-折扣率}$,则:

$$放弃第10天付款折扣的信用成本率 = \dfrac{3\%}{1-3\%} \times \dfrac{360}{90-10} = 13.92\%$$

$$放弃第30天付款折扣的信用成本率 = \dfrac{2.5\%}{1-2.5\%} \times \dfrac{360}{90-30} = 15.38\%$$

$$放弃第50天付款折扣的信用成本率 = \dfrac{1.8\%}{1-1.8\%} \times \dfrac{360}{90-50} = 16.5\%$$

初步结论:各种方案放弃折扣的信用成本率均高于借款利息率,因此要取得现金折扣,应借入银行借款以偿还货款。

2) 选择付款方案

可供选择的付款方案如表 7-9 所示。

表 7-9 付款方案

方案	10 天付款方案	30 天付款方案	50 天付款方案
折扣收益	300 元	250 元	180 元
提前支付货款需支付的借款利息	9700×(12%/360)×80 =258.67(元)	9750×(12%/360)×60 =195(元)	9820×(12%/360)×40 =130.93(元)
净收益	300-258.67=41.33(元)	250-195=55(元)	180-130.93=49.07(元)

总结论:第 30 天付款是最佳方案,其净收益最大。

三、应付账款的管理

当公司的支付政策确定之后,对日常政策执行的监督就成为非常重要的环节。这里举例介绍两种控制支付状态的方法:考察应付账款周转率和分析应付账款余额百分比。

案例指导 7-11

恒远公司 2017 年发生采购成本 800 000 元,年度应付账款平均余额为 400 000 元,则该公司的应付账款周转率是多少?

解析:

$$应付账款周转率 = \frac{采购成本(或销售成本)}{同期应付账款平均余额} = 800\,000 / 400\,000 = 2(次)$$

案例指导 7-12

恒远公司 2018 年 1 月采购成本 100 万元、应付账款余额 50 万元,2 度采购成本 200 万元、应付账款余额包括 1 月的 10 万元及 2 月发生的 150 万元。则该公司 1 月和 2 月应付账款余额百分比是多少?

解析:

应付账款余额百分比是指采购当月发生的应付账款在当月月末及随后的每一月末尚未支付的数额采购当月应付账款总额的比率。

1 月应付账款余额百分比=50/100×100%=50%。

2 月应付账款余额百分比 1=10/100×100%=10%;2 月应付账款余额百分比 2=150/200×100%=75%。

分解任务(四):流动负债管理的技能实训

技能实训 7-2

假设丙公司是一家汽车配件制造企业,近期的售量迅速增加。为满足生产和销售的需求,丙公司需要筹集资金 495 000 元用于增加存货,占用期限为 30 天。现有三个可满足资金需求的筹资方案。

方案 1:利用供应商提供的商业信用,选择放弃现金折扣,信用条件为 "2/10,N/40"。

方案 2:向银行贷款,借款期限为 30 天,年利率为 8%。银行要求的补偿性金额为借款额的 20%。

方案 3:以贴现法向银行借款,借款期限为 30 天,月利率为 1%。

要求:

1)如果丙公司选择方案 1,计算其放弃现金折扣的机会成本。

2)如果丙公司选择方案 2,为获得 495 000 元的实际用款额,计算该公司应借款总额和该笔借款的实际年利率。

3）如果丙公司选择方案3，为获得495 000元的实际用款额，计算该公司应借款总额和该笔借款的实际年利率。

4）根据以上各方案的计算结果，为丙公司选择最优筹资方案。

解析：

1）放弃现金折扣的成本=2%/(1-2%)×360/(40-10)=24.49%

2）应借款总额 495 000/(1-20%)=618 750（元）

借款的实际年利率=8%/(1-20%)=10%

3）应借款总额=495 000/(1-1%)=500 000（元）

借款的实际月利率=1%/(1-1%)=1.01%

借款的实际年利率=1.01%×12=12.02%

4）方案2的成本最小，应该选择方案2。

学习情境八

财务活动——利润分配管理分析与决策应用

1. 了解利润分配的内容;
2. 理解股利支付的程序和方式;
3. 了解股利政策与企业价值;
4. 掌握股利分配政策;
5. 了解股票分割和股票回购的方法。

韦尔股份股利分配

韦尔股份关于2017年度经立信会计师事务所(特殊普通合伙)审计,公司2017年度合并报表中归属于上市公司股东的净利润为137 156 318.00元,其中,母公司实现净利润60 696 276.69元,按母公司净利润的10%提取法定盈余公积后,2017年当年实际可供股东分配利润54 626 649.02元。截至2017年12月31日,母公司累计可供分配250 610 645.46元,资本公积金为909 628 505.12元。

利润分配的预告公告中显示,上海韦尔半导体股份有限公司(以下简称"公司")拟以本次利润分配方案实施前的公司总股本为基数,向全体股东派发现金红利充分。考虑公司长远发展的资金需求,兼顾公司可持续发展与股东回报的需求,公司2017年度利润分配预案:以本次利润分配方案实施前的公司总股本为基数,每10股派发现金红利0.45元(含税),预计分配现金红利总额为20 511 627.30元,占公司2017年度合并报表归属上市公司股东净利润的14.95%。

公司留存的未分配利润的用途将主要运用加大公司研发投入、人才培养、补充运营资金等。围绕公司发展战略,公司将立足于现有市场,持续加大对研发体系的资金投入并进行新产品开发,不断丰富自研产品类型,保障公司核心技术的自主知识产权形成。

公司独立董事认为，公司 2017 年度利润分配预案考虑了公司长远发展的资金需求，不违反《中华人民共和国公司法》及《公司章程》有关规定，有利于维护广大投资者特别是中小投资者的长远利益，有助于促进公司产业升级、提高盈利水平，从而进一步提升公司核心竞争力。请思考以下问题：

1）韦尔股份利润分配程序是怎样的？
2）韦尔股份股利分配对企业的影响是什么？
3）韦尔股份执行的是什么股利分配政策？
4）你对韦尔股份的股利分配有更好的建议吗？

预备知识　利润分配管理概述

分配管理的主要内容包括利润分配的项目和顺序、股利支付的程序和方式、股利理论，以及股利分配政策、股票股利、股票分割和回购。利润分配管理的知识框架如图 8-1 所示。

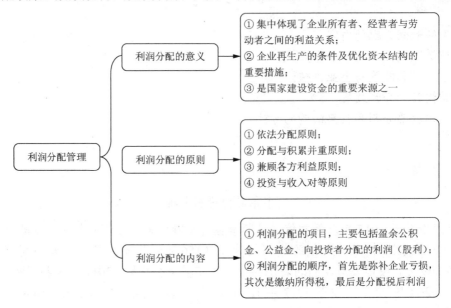

图 8-1　利润分配管理的知识框架

任务一　利润分配管理

按照《中华人民共和国公司法》（以下简称《公司法》）的规定，企业向投资者（股东）分配股利，要在提取公积金之后。利润的分配应以各投资者（股东）拥有投资额的数额为依据，股东分得的股利与其持有的投资比例成正比。股份公司应从累积盈利中分派股利，无盈利不得支付股利。但经股东大会特别决议，为维护股票信誉，盈余公积金也可用来支付股利，不过支付股利后留存的法定盈余公积金不得低于注册资本的 25%。

一、利润分配的顺序

股利的分配应以各股东持有股份的数额为依据，每一股东取得的股利与其持有的股份数成正比。利润分配的顺序根据《公司法》规定：先计算可供分配的利润，然后依次计提法定盈余公积金、计提公益金、计提任意盈余公积金、向股东支付股利。法定公积金的提取比例为当年税后利润（弥补亏损后）的 10%。当年法定公积金的累积额已达注册资本的 50%时，可以不再提取。法定公积金提取后，可用于弥补亏损或转增资本，企业用法定公积金转增资本后，法定公积金的余额不得低于转增前公司注册资本的 25%。按企业财务通则规定，企业发生的年度亏损，可以用下一年度的税前利润弥补。税后利润的分配顺序如图 8-2 所示。

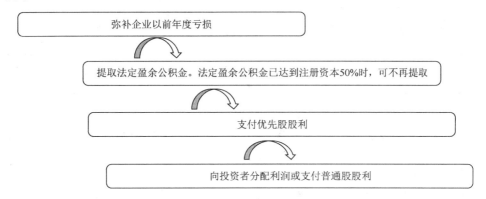

图 8-2　税后利润的分配顺序

二、股利支付的形式和程序

1. 股利支付的形式

股利分配是指公司制企业税后利润在弥补亏损、提取公积金后，可以向股东分派股利，它是企业利润分配的一部分。公司发放股利的形式一般有现金股利、财产股利、负债股利和股票股利，相关内容如表 8-1 所示。

表 8-1　股利支付形式

股利形式	说明
现金股利	股利支付最常见的形式
财产股利	以现金以外的其他资产支付的股利，主要以公司所拥有的其他公司的有价证券作为股利支付给股东
负债股利	通常以公司的应付票据支付给股东，有时也以发放公司债券的方式支付股利
股票股利	公司以增发股票的方式所支付的股利，我国实务中通常也称其为"红股"

财产股利和负债股利实际上都是现金股利的替代方式，但目前这两种股利方式在我国公司实务中极少使用。在我国，股票股利分配中"未分配利润"减少数=增发的股数×股票面值，"股本"增加数="未分配利润"减少数。因此，我国发放股票股利只影响股本和未分配利润。股票股利分配对公司各项目的影响如表 8-2 所示。

表 8-2　股票股利分配的影响

项目	具体影响内容
有影响的项目	所有者权益的结构变化；股数增加；每股收益下降；每股市价可能下降
无影响的项目	面值不变；资产总额、负债总额、所有者权益总额不变；股份比例不变

案例指导 8-1

某上市公司在 2017 年发放股票股利前，其资产负债表上的股东权益项目情况如表 8-3 所示。

表 8-3　股东权益项目　　　　　　　　　　　　单位：万元

项目	金额
股本（面值1元，发行在外2 000万股）	2 000
资本公积	3 000
盈余公积	2 000
未分配利润	3 000
股东权益合计	10 000

假设该公司宣布发放 10% 的股票股利，现有股东每持有 10 股，即可获赠 1 股普通股。若该股票当时市价为 5 元，那么随着股票股利的发放，从"未分配利润"项目划转出的资金为 2 000×10%×5 = 1 000（万元）。

由于股票面值（1 元）不变，发放 200 万股，"股本"项目应增加 200 万元，其余的 800 万元（1 000-200）应作为股票溢价转至"资本公积"项目，而公司的股东权益总额并未发生改变，仍是 10 000 万元，股票股利发放后资产负债表上的股东权益部分详细的内容如表 8-4 所示。

表 8-4　股票股利发放后的股东权益项目　　　　单位：万元

项目	金额
股本（面值1元，发行在外2 200万股）	2 200
资本公积	3 800
盈余公积	2 000
未分配利润	2 000
股东权益合计	10 000

假设一位股东派发股票股利之前持有公司的普通股 10 万股，那么，他所拥有的股权比例为

$$10 \div 2\,000 \times 100\% = 0.5\%$$

派发股利之后，他所拥有的股票数量和股份比例为

$$10 \times (1 + 10\%) = 11(万股)$$

$$11 \div 2\,200 \times 100\% = 0.5\%$$

2. 股票股利优点

发放股票股利的优点如表 8-5 所示。

表 8-5 发放股票股利的优点

分析角度	优点
股东角度	① 有时股价并不成比例下降,可使股票价值相对上升; ② 由于股利收入和资本利得税率的差异,如果股东把股票股利出售,还会给他带来资本利得纳税上的好处
公司角度	① 不需要向股东支付现金,在再投资机会较多的情况下,公司就可以为再投资提供成本较低的资金,从而有利于公司的发展; ② 可以降低公司股票的市场价格,既有利于促进股票的交易和流通,又有利于吸引更多的投资者成为公司股东,进而使股权更为分散,有效地防止公司被恶意控制; ③ 可以传递公司未来发展良好的信息,从而增强投资者的信心,在一定程度上稳定股票价格

3. 股利支付的程序

股份公司分配股利必须遵循法定的程序,先由董事会提出股利分配预案,然后提交股东大会决议通过后才能进行分配。预案通过后,要向股东宣布发放股利的方案,并确定股权登记日、除息日和股利发放日,如表 8-6 所示

表 8-6 股利支付程序

日程	说明
预案公布日	公司董事会将分红预案予以公布的日期
股利宣告日	分红预案经股东大会决议通过并由董事会将股利支付情况予以公告的日期。公告中将宣布每股应支付的股利、股权登记日、除息日及股利支付日
股权登记日	有权领取本期股利的股东资格登记截止日期。在此指定日期收盘之前取得公司股票,成为公司在册股东的投资者都可以作为股东享受公司本期分派的股利
除息日	指领取股利的权利与股票分离的日期(除息日的股票失去了"收息"的权利,价格会下跌)
股利发放日	向股东发放股利的日期

案例指导 8-2

某上市公司于 2017 年 4 月 10 日公布 2016 年度的最后分红方案,其公告如下:2017 年 4 月 9 日在北京召开的股东大会,通过了董事会关于每股分派 0.15 元的 2016 年股息分配方案。股权登记日为 4 月 25 日,除息日为 4 月 26 日,股东可在 5 月 10 日至 25 日之间通过深圳交易所按交易方式领取股息。特此公告。

那么,该公司的股利支付程序如图 8-3 所示。

图 8-3 股利支付程序图

三、股利政策的制定

股利政策是指在法律允许的范围内,企业是否发放股利、发放多少股利及何时发放股利的方针及对策。股利政策的最终目标是使公司价值最大化。

1. 股利分配理论

股利分配理论的核心问题是股利政策与公司价值的关系问题。

(1) 股利无关论

股利无关论认为,在一定的假设条件限制下,股利政策不会对公司的价值或股票的价格产生任何影响,投资者不关心公司股利的分配。公司市场价值的高低由公司所选择的投资决策的获利能力和风险组合所决定,而与公司的利润分配政策无关。

(2) 股利相关论

股利相关论的内容如表8-7所示。

表8-7 股利相关论内容

理论	内容
"手中鸟"理论	公司的股利政策与公司的股票价格是密切相关的,即当公司支付较高的股利时,公司的股票价格会随之上升,公司的价值将得到提高
信号传递理论	在信息不对称的情况下,公司可以通过股利政策向市场传递有关公司未来获利能力的信息,从而影响公司的股价。一般来讲,预期未来获利能力强的公司,往往愿意通过相对较高的股利支付水平,把自己同预期盈利能力差的公司区别开来,以吸引更多的投资者
所得税差异理论	由于普遍存在的税率以及纳税时间的差异,资本利得收入比股利收入更有助于实现收益最大化目标,公司应当采用低股利政策
代理理论	股利的支付能够有效地降低代理成本。高水平的股利政策降低了企业的代理成本,但同时增加了外部融资成本,理想的股利政策应当使两种成本之和最小

(3) 代理理论

代理理论认为,股利的支付能够有效地降低代理成本。股利的支付减少了管理者对自由现金流量的支配权,这在一定程度上可以抑制公司管理者的过度投资或在职消费行为,从而保护外部投资者的利益。另外,较多的现金股利发放,减少了内容融资,导致公司进入资本市场寻求外部融资,从而公司将接受资本市场上更多的、更严格的监督,这样便能通过资本市场的监督减少代理成本。

2. 剩余股利政策

剩余股利政策是优先留存收益,保证再投资的需要,有助于降低再投资的资金成本,保持最佳的资本结构,实现企业价值的长期最大化。剩余股利政策一般适用于公司初创阶段。详细内容如表8-8所示。

表8-8 剩余股利政策相关内容

项目	说明
内容	剩余股利政策是指公司在有良好的投资机会时,根据目标资本结构,测算出投资所需的权益资本额,先从盈余中留用,然后将剩余的盈余作为股利来分配

续表

项目	说明
理论依据	MM 股利无关理论
优点	留存收益优先保证再投资的需要,有助于降低再投资的资金成本,保持最佳的资本结构,实现企业价值的长期最大化
缺点	股利发放额每年随投资机会和盈利水平的波动而波动,不利于投资者安排收入与支出,也不利于公司树立良好的形象
适用范围	一般适用于公司初创阶段

案例指导 8-3

某公司 2016 年税后净利润为 1 400 万元,2017 年的投资计划需要资金 1 600 万元,公司的目标资本结构为权益资本占 60%,债务资本占 40%。

要求:

1)采用剩余股利政策,公司 2016 年度将要支付的股利为多少?

2)假设该公司 2016 年流通在外的普通股为 1 000 万股,那么,每股股利为多少?

解析:

1)按照目标资本结构的要求,公司投资方案所需的权益资本数额为 1 600×60%=960(万元),即 2016 年,公司可以发放的股利额为 1 400-960=440(万元)。

2)每股股利为 440÷1 000=0.44(元/股)。

3. 固定或稳定增长的股利政策

固定或稳定增长的股利政策向市场传递公司正常发展的信息,有利于树立公司良好的形象,增强投资者对公司的信心,稳定股票的价格,具体如表 8-9 所示。

表 8-9 稳定增长的股利政策

项目	说明
理论依据	股利相关理论
优点	① 有利于树立公司的良好形象,增强投资者对公司的信心,稳定公司股票价格; ② 有利于投资者安排收入与支出
缺点	① 股利的支付与企业的盈利相脱节,可能导致企业资金紧缺,财务状况恶化; ② 在企业无利可分的情况下,若依然实施固定或稳定增长的股利政策,也是违反《公司法》的行为
适用范围	通常适用于经营比较稳定或正处于成长期的企业,且很难被长期采用

4. 固定股利支付率政策

固定股利支付率政策是指公司将每年净利润的某一固定百分比作为股利分派给股东。这一百分比通常称为股利支付率。采用固定股利支付率政策,股利与公司盈余紧密地配合,体现了"多盈多分、少盈少分、无盈不分"的股利分配原则。固定股利支付率政策的详细内容如表 8-10 所示。

表 8-10　固定股利支付率政策

项目	内容
理论依据	股利相关理论
优点	① 股利的支付与公司盈余紧密地配合； ② 公司每年按固定的比例从税后利润中支付现金股利，从企业支付能力的角度看这是一种稳定的股利政策
缺点	① 由收益不稳导致股利的波动所传递的信息，容易成为公司的不利因素； ② 容易使公司面临较大的财务压力； ③ 合适的固定股利支付率的确定难度大
适用范围	适用于稳定发展并且财务状况也比较稳定的公司

案例指导 8-4

某公司长期以来用固定股利支付率政策进行股利分配，确定的股利支付率为30%。2017年税后净利润为2 000万元。

要求：

1）如果仍然继续执行固定股利支付率政策，公司本年度将要支付的股利为多少？

2）公司下一年度有较大的投资需求，因此，准备本年度采用剩余股利政策。如果公司下一年度的投资预算为2 500万元，目标资本结构为权益资本占60%，公司本年度将要支付的股利为多少？

解析：

1）2 000×30%=600（万元）。

2）按照目标资本结构的要求，公司投资方案所需的权益资本额为 2 500×60%=1 500（万元）。公司2017年度可以发放的股利为 2 000-1 500=500（万元）。

5. 低正常股利加额外股利政策

低正常股利加额外股利政策指公司事先设定一个较低的正常股利额，每年除了按正常股利额向股东发放股利外，还在公司盈余较多、资金较为充裕的年度向股东发放额外股利。详细内容如表 8-11 所示。

表 8-11　低正常股利加额外股利政策

项目	内容
理论依据	股利相关理论
优点	① 赋予公司较大的灵活性，使公司在股利发放上留有余地，并具有较大的财务弹性。公司可根据每年的具体情况，选择不同的股利发放水平，以稳定和提高股价，进而实现公司价值的最大化； ② 使那些依靠股利度日的股东每年至少可以得到虽然较低但比较稳定的股利收入，从而吸引住这部分股东
缺点	① 年份之间公司盈利的波动使额外股利不断变化，造成分派的股利不同，容易给投资者收益不稳定的感觉； ② 当公司在较长时间持续发放额外股利后，可能会被股东误认为"正常股利"，一旦取消，传递出的信号可能会使股东认为这是公司财务状态恶化的表现，进而导致股价下跌
适用范围	对那些盈利随着经济周期而波动较大的公司或者盈利与现金流量很不稳定时，低正常股利加额外股利政策也许是一种不错的选择

四、利润分配方案的技能实训

案例指导 8-5

某公司成立于 2013 年 1 月 1 日, 2013 年度实现的净利润为 1 000 万元, 分配现金股利 550 万元, 提取盈余公积 450 万元 (所提盈余公积均已指定用途)。2014 年实现的净利润为 900 万元 (不考虑计提法定盈余公积的因素)。2015 年计划增加投资, 所需资金为 700 万元。假定公司目标资本结构为自有资金占 60%, 借入资金占 40%。

要求:

1) 在保持目标资本结构的前提下, 计算 2015 年投资方案所需的自有资金额和需要从外部借入的资金额。

2) 在保持目标资本结构的前提下, 如果公司执行剩余股利政策, 计算 2014 年度应分配的现金股利。

3) 在不考虑目标资本结构的前提下, 如果公司执行固定股利政策, 计算 2014 年度应分配的现金股利、可用于 2015 年投资的留存收益和需要额外筹集的资金额。

4) 不考虑目标资本结构的前提下, 如果公司执行固定股利支付率政策, 计算该公司的股利支付率和 2014 年度应分配的现金股利。

5) 假定公司 2015 年面临着从外部筹资的困难, 只能从内部筹资, 不考虑目标资本结构, 计算在此情况下 2014 年度应分配的现金股利。

解析:

1) 2015 年投资方案所需的自有资金额=700×60%=420 (万元)。

2015 年投资方案所需从外部借入的资金额=700×40%=280 (万元)。

或者, 2015 年投资方案所需从外部借入的资金额=700-420=280 (万元)。

2) 在保持目标资本结构的前提下, 执行剩余股利政策: 2014 年度应分配的现金股利=净利润-2015 年投资方案所需的自有资金额=900-420= 480 (万元)。

3) 在不考虑目标资本结构的前提下, 执行固定股利政策:

2014 年度应分配的现金股利=上年分配的现金股利=550 (万元)。

可用于 2015 年投资的留存收益=900-550=350 (万元)。

2005 年投资需要额外筹集的资金额=700-350=350 (万元)。

4) 在不考虑目标资本结构的前提下, 执行固定股利支付率政策:

该公司的股利支付率=550/1 000×100%=55%。

2014 年度应分配的现金股利=55%×900=495 (万元)。

5) 因为公司只能从内部筹资, 所以 2005 年的投资需要从 2014 年的净利润中留存 700 万元, 所以 2014 年度应分配的现金股利=900-700=200 (万元)。

任务二　股票分割与反分割实际应用

一、股票分割与反分割

1. 股票分割与反分割

股票分割又称拆股，即将一股股票拆分成多股股票的行为。股票分割可降低股票价格，向市场和投资者传递"公司发展前景良好"的信号，有助于提高投资者对公司股票的信心。

反分割又称股票合并或逆向分割，是指将多股股票合并为一股股票的行为。反分割显然会降低股票的流通性，提高公司股票投资的门槛，它向市场传递的信息通常是不利的。

二、股票分割对公司的影响

股票分割给投资者带来的不是现实的利益，但是投资者持有的股票数增加了，给投资者带来了今后可多分股息和更高收益的希望。股票分割的作用体现在以下几个方面：

1）股票分割会在短时间内使公司股票每股市价降低，买卖该股票所必需的资金量减少，易于增加该股票在投资者之间的换手，并且可以使更多的资金实力有限的潜在股东变成持股的股东。因此，股票分割可以促进股票的流通和交易。

2）股票分割可以向投资者传递公司发展前景良好的信息，有助于提高投资者对公司的信心。

3）股票分割可以为公司发行新股做准备。公司股票价格太高，会使许多潜在的投资者力不从心而不敢轻易对公司的股票进行投资。在新股发行之前，利用股票分割降低股票价格，可以促进新股的发行。

4）股票分割有助于公司并购政策的实施，增加对被并购方的吸引力。

5）股票分割带来的股票流通性的提高和股东数量的增加，会在一定程度上加大对公司股票恶意收购的难度。

6）股票分割在短期内不会给投资者带来太大的收益或亏损，即给投资者带来的不是现实的利益，而是给投资者带来了今后可多分股息和更高收益的希望，是利好消息，因此对除权日后股价上涨有刺激作用。

2. 股票分割与股票股利的比较

股票分割与股票股利的比较如表 8-12 所示。

表 8-12　股票分割与股票股利的比较

内容	股票股利	股票分割
不同点	① 面值不变； ② 股东权益结构变化（股本增加、未分配利润减少）； ③ 属于股利支付方式	① 面值变小； ② 股东权益结构不变； ③ 不属于股利支付方式
相同点	① 普通股股数增加； ② 每股收益和每股市价下降； ③ 资产总额、负债总额、股东权益总额不变； ④ 向市场和投资者传递"公司发展前景良好"的信号	

三、股票分割的技能实训

案例指导 8-6

某上市公司在 2017 年年末资产负债表上的股东权益账户情况如 8-13 所示。

表 8-13 股东权益账户情况　　　　　　　　　单位：万元

项目	金额
普通股（面值 10 元，发行在外 1 000 万股）	10 000
资本公积	10 000
盈余公积	5 000
未分配利润	8 000
股东权益合计	33 000

要求：

1）假设股票市价为 20 元，该公司宣布发放 10% 的股票股利，即现有股东每持有 10 股即可获赠 1 股普通股。发放股票股利后，股东权益有何变化？每股净资产是多少？

2）假设该公司按照 1∶2 的比例进行股票分割。股票分割后，股东权益有何变化？每股净资产是多少？

解析：

1）发放股票股利后股东权益情况如表 8-14 所示。

表 8-14 股东权益情况（1）　　　　　　　　　单位：万元

项目	金额
普通股（面值 10 元，发行在外 1 100 万股）	11 000
资本公积	11 000
盈余公积	5 000
未分配利润	6 000
股东权益合计	33 000

每股净资产为 33 000÷(1 000+100)=30（元/股）。

（2）股票分割后股东权益情况如表 8-15 所示。

表 8-15 股东权益情况（2）　　　　　　　　　单位：万元

项目	金额
普通股（面值 5 元，发行在外 2 000 万股）	10 000
资本公积	10 000
盈余公积	5 000
未分配利润	8 000
股东权益合计	33 000

每股净资产为 33 000÷(1 000×2)=16.5（元/股）。

任务三　股票回购

一、股票回购的含义、方式及动机

1. 股票回购的含义

股票回购是指上市公司出资将其发行在外的普通股以一定价格购买回来予以注销或作为库存股的一种资本运作方式。

2. 股票回购的方式

股票回购的方式如表 8-16 所示。

表 8-16　股票回购的方式

方式	含义
公开市场回购	公司在公开交易市场上以当前市价回购股票
要约回购	公司在特定期间向股东发出的以高出当前市价的某一价格回购既定数量股票的要约
协议回购	公司以协议价格直接向一个或几个主要股东回购股票

3. 股票回购的动机

在证券市场上，股票回购的动机多种多样，详细内容如表 8-17 所示。

表 8-17　股票回购的动机

动机	分析
现金股利的替代	当公司有富余资金时，通过购回股东所持股票将现金分配给股东
改变公司的资本结构	会提高公司的财务杠杆水平
传递公司信息	一般情况下，投资者会认为股票回购意味着公司认为其股票价值被低估而采取的应对措施
基于控制权的考虑	巩固既有控制权；股票回购使流通在外的股份数变少，股价上升，可有效地防止敌意收购

二、股票回购对公司的影响

1）股票回购需要大量资金支付回购成本，容易造成资金紧张，降低资产流动性，影响公司的后续发展。

2）股票回购无异于股东退股和公司资本的减少，也可能会使公司的发起人股东更注重创业利润的实现，从而不仅在一定程度上削弱了对债权人利益的保护，而且忽视了公司的长远发展，损害了公司的根本利益。

3）股票回购容易导致公司操纵股价。公司回购自己的股票容易导致其利用内幕消息进行炒作，加剧公司行为的非规范化，损害投资者的利益。

股票回购与股票分割（及股票股利）的比较如表 8-18 所示。

表 8-18　股票回购与股票分割（及股票股利）的比较

内容	股票回购	股票分割及股票股利
股票数量	减少	增加
每股市价	提高	降低
每股收益	提高	降低
资本结构	改变，提高财务杠杆水平	不影响
控制权	巩固既定控制权或转移公司控制权	不影响

三、股票回购的技能实训

技能实训 8-1

长期以来，海尔集团（以下简称海尔）一直采取现金股利和股票股利的方式进行利润分配，但是 2015 年突然开始回购股票，根据 2015 年的回购情况就知道，海尔仅在 2015 年的下半年就回购了 47 396 706.70。而同年海尔现金分红为 1 340 094 420.82，占分红当年合并报表中归属上市公司股东净利润的 31.16%，由此可见股票回购并未冲抵海尔的现金股利。回购股票可以满足多样的股东需求，青岛海尔既有大股东，也有小股东，有的偏好现金股利，有的则希望海尔能把利润留在企业内部进行再投资以便获取更大的收益。面对多样的股东分红需求，股票回购可以允许股东选择通过出售股票自制股利，也可以选择继续持有。同时避免增发股利，有助于市场对海尔的股利政策形成稳定预期，较为稳定的股利政策有助于提升公司价值。

分析并确定促使海尔进行回购的动机和效应。

解析：

对高级管理人员如何决定股利政策，有三个确定的结论：①企业通常不会改变自己一贯的股利政策；②企业会通过对股利平滑化处理来降低红利减少风险；③企业和投资者更在意股利的变化而不是股利的绝对值。

所以，当海尔坚持固定比例的股利政策时，一旦自身经营状况发生变化，海尔必然需要一个辅助的分红政策，这是海尔回购股票的必然性。由于股票回购自身的特点（如灵活性、暂时性），同时还会对企业产生多方面的影响如（提升股价、为股东节税和优化资本结构等），当面临 2016 年股市暴跌时，就进一步促进了股票回购的动机。这些构成海尔股票回购的偶然性。从海尔股票回购的动机和方案的设计与执行及最终的结果来看，此次股票回购较好地完成了最初股票回购的意图。海尔的股票回购实践证明股票回购确实对提升股价、优化资本结构、降低股东税负有着良好作用。另外，企业在设计回购方案时要注意权衡兼顾企业多项财务活动之间的相互关系。

财务报告分析篇

学习情境九

财务报表分析及应用

1. 了解财务报表分析的内容和方法；
2. 掌握财务报表分析的基本原理和财务比率分析法；
3. 掌握财务综合分析方法。

成都金亚科技股份公司财务造假

成都金亚科技股份有限公司（以下简称金亚科技）成立于 2000 年，现注册资金 110 000 000，占地 50 余亩。拥有研发大楼、行政大楼、生产基地等 20 000 余平方米的公司本部坐落于成都市蜀汉西路 50 号，是中国最具影响力创新成果 100 强、广电行业十大创新品牌、中国数字电视产业十大自主品牌、国家高新技术企业、四川省质量 AA 级认证企业。

金亚科技 2013 年大幅亏损，为了扭转公司的亏损，时任董事长周旭辉在 2014 年年初定下了公司当年利润为 3 000 万元的目标。每个季末，金亚科技时任财务负责人（2014 年 6 月 20 日之前是张法德，之后是丁勇和）会将真实利润数据和按照年初确定的年度利润目标分解的季度利润数据报告给周旭辉，最后由周旭辉来确定当季度对外披露的利润数据。但却相继出现了以下问题。

1. 金亚科技伪造财务数据情况

在周旭辉确认季度利润数据以后，张法德、丁勇和于每个季度末将季度利润数据告诉金亚科技财务部工作人员，要求他们按照这个数据来做账，虚增收入、成本，配套地虚增存货、往来款和银行存款，并将这些数据分解到月，相应地记入每个月的账中。

金亚科技的会计核算设置了 006 和 003 两个账套。003 账套核算的数据用于内部管理，以真实发生的业务为依据进行记账。006 账套核算的数据用于对外披露，伪造的财务数据都记录于 006 账套。

2015 年 4 月 1 日，金亚科技依据 006 账套核算的数据对外披露了《金亚科技股份有限公司 2014 年年度报告》。

2. 虚增利润总额 80 495 532.40 元

金亚科技通过虚构客户、伪造合同、伪造银行单据、伪造材料产品收发记录、隐瞒费用支出等方式虚增利润。经核实,金亚科技 2014 年年度报告合并财务报表共计虚增营业收入 73 635 141.10 元,虚增营业成本 19 253 313.84 元,少计销售费用 3 685 014 元,少计管理费用 1 320 835.10 元,少计财务费用 7 952 968.46 元,少计营业外收入 19 050.00 元,少计营业外支出 13 173 937.58 元,虚增利润总额 80 495 532.40 元,占当期披露的利润总额的比例为 335.14%,上述会计处理使金亚科技 2014 年年度报告利润总额由亏损变为盈利。

3. 虚增银行存款 217 911 835.55 元

2014 年年末,金亚科技中国工商银行成都高新西部园区支行账户银行日记账余额为 219 301 259.06 元,实际银行账户余额为 1 389 423.51 元,该账户虚增银行存款 217 911 835.55 元,占当期披露的资产总额的比例为 16.46%。

4. 虚列预付工程款 3.1 亿元

2014 年,金亚科技的子公司成都金亚智能技术有限公司建设项目,由四川宏山建设工程有限公司施工,建设面积 385 133 平方米,每平方米造价约 2 000 元,按 40%的预付比例估算出来需要预付工程款 3.1 亿元。为此金亚科技制作了假的建设工程合同,填制了虚假银行付款单据 3.1 亿元,减少银行存款 3.1 亿元,同时增加 3.1 亿元预付工程款。

以上事实,有金亚科技 003 账套和 006 账套、金亚科技 2014 年年度报告、董事会决议、监事会决议、定期报告书面确认意见、当事人询问笔录等证据证明,足以认定。

综上,金亚科技披露的 2014 年年度报告虚假记载的行为,违反了《证券法》第六十三条有关"发行人、上市公司依法披露的信息,必须真实、准确、完整,不得有虚假记载、误导性陈述或者重大遗漏"的规定,构成《证券法》第一百九十三条所述"发行人、上市公司或者其他信息披露义务人未按照规定披露信息,或者所披露的信息有虚假记载、误导性陈述或者重大遗漏"的行为。请思考以下问题:

1)如何进行财务分析?
2)你认为在评价公司综合能力时,哪个财务指标应作为核心指标?为什么?
3)2014 年通过财务报表比较发现不正常数据变化的方法属于财务报表分析的哪种分析方法?
4)基本财务报表分析能否为报表使用者提供足够的决策依据?为什么?

预备知识　财务报表分析概述

财务报表分析既是对财务企业已经发生的财务活动的过程及其结果进行分析和评价的方法,又是对企业未来的财务预测、决策和财务预算的制定提供有用信息的一项工作。在做财务报表分析的时候,首先要清楚分析的目的,然后明确财务分析的过程,依据财务分析的基础,采用相应的分析方法分析相关内容,如图 9-1 所示。

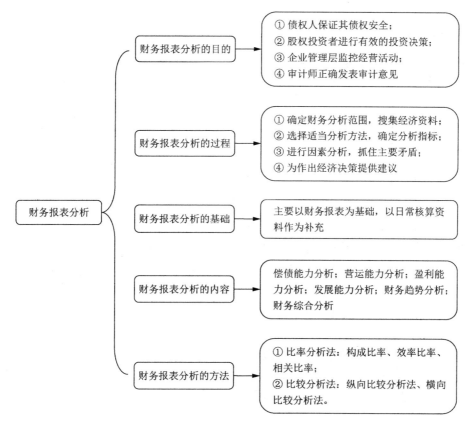

图 9-1 企业财务报表分析

任务一 财务报表分析内容及方法

一、财务报表分析内容

一般而言,不同的利益主体对企业财务状况关注重点有所不同,企业管理者侧重于关心企业的经营状况,股东关注企业价值的最大化,债权人关心债务能否偿还。尽管不同利益主体对于财务报表分析有着不同的需要,但其核心仍然是分析企业的绩效。为了满足各方利益主体的需求,财务分析的内容主要有以下几个方面。

1. 偿债能力分析

偿债能力是指企业偿还到期债务的能力。通过对企业的财务报表等会计资料进行分析,可以了解企业资产的流动性、负债水平及偿还债务的能力,从而评价企业的财务状况和财务风险,为管理者、投资者和债权人提供企业偿债能力的财务信息。

2. 营运能力分析

营运能力反映了企业对资产的利用和管理能力。企业的生产经营过程就是利用资产取得收益的过程。资产是企业生产经营活动的经济资源，对资产的利用和管理能力直接影响到企业的收益，体现了企业的经营能力。对营运能力进行分析，可以了解到企业资产的保值和增值情况，分析企业资产的利用效率、管理水平、资金周转状况、现金流量状况等，为评价企业的经营管理水平提供依据。

3. 盈利能力分析

获取利润是企业的主要经营目标之一，它也反映了企业的综合素质。企业要生存和发展，必须争取获得较高的利润，这样才能在竞争中立于不败之地。投资者和债权人都十分关心企业的盈利能力，盈利能力强可以提高企业偿还债务的能力，提升企业的信誉。对企业盈利能力的分析不能仅看其获取利润的绝对数，还应分析其相对指标，这些都可以通过财务分析来实现。

4. 发展能力分析

无论是企业的管理者还是投资人、债权人，都十分关注企业的发展能力，因为这关系到他们的切身利益。通过对企业发展能力进行分析，可以判断企业的发展潜力，预测企业的经营前景，从而为企业管理者和投资者进行经营决策和投资决策提供重要的依据，避免决策失误给其带来重大的经济损失。

5. 财务趋势分析

财务趋势分析是指通过对企业连续若干期的会计信息和财务指标进行分析，判断企业未来发展趋势，了解企业的经营活动和财务活动存在的问题，为企业未来决策提供依据。

6. 财务综合分析

财务综合分析是指全面分析和评价企业各方面的财务状况，对企业风险、收益、成本和现金流量等进行分析和判断，为提高企业财务管理水平、改善企业经营业绩提供信息。

二、财务报表分析方法

财务报表分析的方法主要包括比率分析法和比较分析法。

1. 比率分析法

比率分析法是将企业同一时期的财务报表中的相关项目进行比对，得出一系列财务比率，一次来揭示企业财务状况的分析方法。财务比率主要包括构成比率、效率比率和相关比率三大类。

1）构成比率又称结构比率，是反映某项经济指标的各个组成部分与总体之间关系的财务比率，如流动资产与资产总额的比率、流动负债与负债总额的比率。

2）效率比率，是反映某项经济活动投入与产出之间关系的财务比率，如资产报酬率、销售净利率等。利用效率比率可以考察经济活动的经济效益,揭示企业的盈利能力。

3)相关比率,是反映经济活动中某两个或两个以上相关项目比值的财务比率,如流动比率、速动比率等。利用相关比率可以考察各项经济活动之间的相互关系,从而揭示企业的财务状况。

2. 比较分析法

比较分析法是将统一企业不同时期的财务状况或不同企业之间的财务状况进行比较,从而揭示企业财务状况中所存在差异的分析办法。比较分析法可分为纵向比较分析法和横向比较分析法两种。

1)纵向比较分析法又称趋势分析法,是指将同一企业连续若干期的财务状况进行比较,确定其增减变动的方向、数额和幅度,以此来揭示企业财务状况的发展变化趋势的分析方法,如比较财务报表法、比较财务比率法等。

2)横向比较分析法,是指将本企业的财务状况与其他企业的同期财务状况进行比较,确定其存在的差异及其程度,以此来揭示企业财务状况中所存在问题的分析方法。

任务二 财务报表基本能力分析及实际应用

一、偿债能力分析

企业的偿债能力是指企业用其资产偿还长期债务与短期债务的能力。企业有无支付现金的能力和偿还债务能力,是企业能否健康生存和发展的关键。企业偿债能力是反映企业财务状况和经营能力的重要标志。偿债能力是企业偿还到期债务的承受能力或保证程度,包括偿还短期债务和长期债务的能力。偿债能力分析反映上市公司偿债能力的指标,主要有流动比率、速动比率、现金比率、资本周转率、清算价值比率和利息保障倍数等。

1. 短期偿债能力

(1)流动比率

流动比率表示每1元流动负债有多少流动资产作为偿还的保证,它能反映公司流动资产对流动负债的保障程度。其计算公式如图9-2所示。

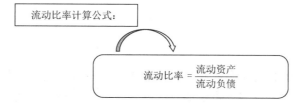

图9-2 流动比率计算公式图

一般情况下,流动比率指标越大,表明公司短期偿债能力强。通常,该指标在200%左右较好。沪深两市该指标平均值为200.20%。在运用该指标分析公司短期偿债能力时,还应结合存货的规模大小、周转速度、变现能力和变现价值等指标进行综合分析。如果某一公司虽然流动比率很高，但其存货规模大，周转速度慢，有可能造成存货变现能力弱，变现价值低，那么，该公司的实际短期偿债能力就要比指标反映的弱。

（2）速动比率

速动比率表示每 1 元流动负债有多少速动资产作为偿还的保证，进一步反映流动负债的保障程度。其计算公式如图 9-3 所示。

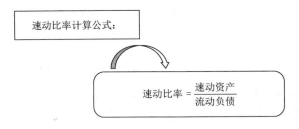

图 9-3　速动比率计算公式图

一般情况下，速动比率指标越大，表明公司短期偿债能力越强，通常该指标在 100%左右较好。在运用该指标分析公司短期偿债能力时，应结合应收账款的规模、周转速度和其他应收款的规模，以及它们的变现能力进行综合分析。如果某公司速动比率虽然很高，但应收账款周转速度慢，且它与其他应收款的规模大，变现能力差，那么该公司较为真实的短期偿债能力要比该指标反映的差。

（3）现金比率

现金比率，表示每 1 元流动负债有多少现金及现金等价物作为偿还的保证，反映公司可用现金及变现方式清偿流动负债的能力。其计算公式如图 9-4 所示。

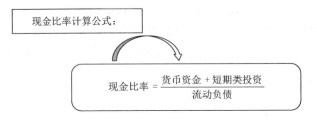

图 9-4　现金比率计算公式图

现金比率指标能真实地反映公司实际的短期偿债能力。该指标值越大，公司的短期偿债能力越强。

2. 长期偿债能力

企业的投资者包括企业的所有者和潜在投资者，投资者通过长期偿债能力分析，可以判断其投资的安全性及盈利性，因为投资的安全性与企业的偿债能力密切相关。通常，企业的偿债能力越强，投资者的安全性越高。在这种情况下，企业不需要通过变卖财产偿还债务。另外，投资的盈利性与企业的长期偿债能力密切相关。在投资收益率大于借入资金的资金成本率时，企业适度负债，不仅可以降低财务风险，还可以利用财务杠杆的作用，增加盈利。

盈利能力是投资者资本保值增值的关键。

（1）资产负债率

资产负债率是债权人所提供的资金占企业全部资产的比例，揭示企业出资者对债权人债务的保障程度，因此该指标是分析企业长期偿债能力的重要指标。其计算公式如图9-5所示。

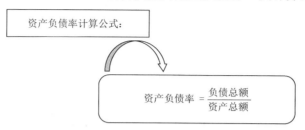

图9-5　资产负债率计算公式图

对于资产负债率的水平，不同的债权人有不同的意见。较高的资产负债率，在效益较好、资金流转稳定的企业是可以接受的，因这种企业具备偿还债务本息的能力。在盈利状况不稳定或经营管理水平不稳定的企业，则说明企业没有偿还债务的保障，不稳定的经营收益难以保证按期支付固定的利息，企业的长期偿债能力较低。作为企业经营者，也应当寻求资产负债率的适当比值，既要能保持长期偿债能力，又要最大限度地利用外部资金。

（2）产权比率

产权比率是负债总额与所有者权益总额的比率，是指股份制企业，股东权益总额与企业资产总额的比率，是为评估资金结构合理性的一种指标。其计算公式如图9-6所示。

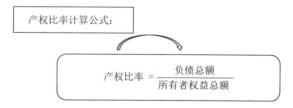

图9-6　产权比率计算公式图

一般来说，产权比率可反映股东所持股权是否过多，或者是尚不够充分等情况，从另一个侧面表明企业借款经营的程度。该指标表明由债权人提供的和由投资者提供的资金来源的相对关系，反映企业基本财务结构是否稳定。

（3）利息保障倍数

利息保障倍数又称已获利息倍数，是指企业息税前利润与利息费用之比，用以衡量偿付借款利息的能力，是衡量企业支付负债利息能力的指标。其计算公式如图9-7所示。

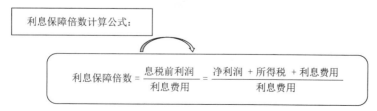

图9-7　利息保障倍数计算公式图

利息保障倍数不仅反映了企业获利能力的大小，而且反映了获利能力对偿还到期债务的保证程度，它既是企业举债经营的前提依据，又是衡量企业长期偿债能力大小的重要标志。要维持正常偿债能力，利息保障倍数至少应大于 1，且比值越高，企业长期偿债能力越强。如果利息保障倍数过低，企业将面临亏损、偿债的安全性与稳定性下降的风险。

案例指导 9-1

HL 公司数据如表 9-1 和表 9-2 所示，要求：
1）根据表 9-1 和表 9-2 计算 HL 公司 2017 年短期偿债能力指标。
2）根据表 9-1 和表 9-2 计算 HL 公司 2017 年长期偿债能力指标。

表 9-1 资产负债表

编制单位：HL 公司　　　　2017 年 12 月 31 日　　　　单位：万元

资产	年初余额	年末余额	负债和所有者权益	年初余额	年末余额
流动资产：			流动负债：		
货币资金	1 532	815	短期借款	1 217	1 915
交易性金融资产	12	6	交易性金融负债	0	0
应收票据	22	0	应付票据	0	100
应收账款	1 546	586	应付账款	231	230
预付款项	9	81	预收款项	14	33
应收利息	0	0	应付职工薪酬	234	206
应收股利	0	0	应交税费	96	194
其他应收款	581	522	应付利息	13	6
存货	556	374	应付股利	5	6
一年内到期的非流动资产	0	45	其他应付款	85	188
其他流动资产	24	21	一年内到期的非流动负债	0	30
流动资产合计	4 282	2 450	其他流动负债	5	3
非流动资产：			流动负债合计	1 900	2 911
可供出售金融资产	0	0	非流动负债：		
持有至到期投资	58	3 447	长期借款	20	40
长期应收款	0	0	应付债券	100	220
长期股权投资	0	0	长期应付款	57	33
投资性房地产	0	0	专项应付款	0	0
固定资产	2 683	2 684	预计负债	0	0
在建工程	19	67	递延所得税负债	0	0
工程物资	0	0	其他非流动负债	5	2
固定资产清理	12	0	非流动负债合计	182	295
生产性生物资产	0	0	负债合计	2 082	3 206
油气资产	0	0	股东权益：		
无形资产	190	189	股本	1 375	1 375
开发支出	0	0	资本公积	1 791	1 905
商誉	0	0	减：库存股	0	0
长期待摊费用	0	0	盈余公积	926	1 126
递延所得税资产	38	38	未分配利润	1 118	1 274
其他非流动资产	10	11	所有者权益合计	5 210	5 680
非流动资产合计	3 010	6 436			
资产总计	7 292	8 886	负债和所有者权益合计	7 292	8 886

表9-2　2017年度利润表　　　　　　　　　　　　单位：万元

项目	上年数	本年数
一、营业收入	10 656	13 258
减：营业成本	8 961	11 392
营业税金及附加	6	7
销售费用	253	483
管理费用	545	516
财务费用	228	150
资产减值损失		
加：公允价值变动损益（损失以"-"号填列）		
投资收益（损失以"-"号填列）	6	528
其中：对联营企业和合营企业的投资收益		
二、营业利润（亏损以"-"填列）	669	1 238
加：营业外收入	113	10
减：营业外支出	37	11
其中：非流动处置损失		
三、利润总额（亏损总额以"-"填列）	745	1 237
减：所得税费用	186	309
四、净利润（净亏损以"-"填列）	559	928
五、每股收益		
（一）基本每股收益		
（二）稀释每股收益		

解析：

HL公司的波动比率为

$$流动比率 = \frac{2\,450}{2\,911} = 0.84$$

HL公司2017年波动比率越大说明企业对短期债务的偿付能力越强，但流动比率越高越说明企业有较多的资金滞留在流动资产上，从而影响其获利能力。该公司流动比率必须超过1，又应控制在2以下。HL公司2017年短期偿债能力有所下降。

速动资产指可以立即转变为现金来偿还流动负债的流动资产，存货不属于速动资产。通常来说速动比率应保持1左右。HL公司的速动比率为

$$速动比率 = \frac{2\,450 - 374}{2\,911} = 0.71$$

HL公司的现金比率为

$$现金比率 = \frac{815 + 6}{2\,911} = 0.28$$

一般认为，现金比率应保持在0.2以上为好，HL公司2017年短期偿债能力还是不错的。

HL公司的资产负债率为

$$资产负债率 = \frac{3\,206}{8\,886} \times 100\% = 36\%$$

资产负债率高，说明企业扩展经营的能力强，股东权益的运用越充分，但债务太多会影响债务的偿还能力，加大企业的财务风险。合理水平一般应在50%左右。HL 公司2017年资产负债率目前处于一个比较合理的水平。

HL 公司的产权比率为

$$产权比率 = \frac{2\ 082}{5\ 210} \times 100\% = 40\%$$

产权比率高说明是高风险、高报酬的财务结构，该公司产权比率较低，说明是低风险、低报酬的财务结构。一般而言，产权比率应小于100%。HL 公司2017年的财务风险还是较为可控的。

HL 公司的利息保障倍数为

$$利息保障倍数 = \frac{1\ 237 + 150}{150} = 9.25$$

一般来说，利息保障倍数越高越好，意味着利息费用的支付就有保障，当该比率小于1时，表示企业的盈利能力根本无法承担举债经营的利息支出。HL 公司有较高的利息保障倍数能力。

二、营运能力分析

企业营运能力分析就是要通过对反映企业资产营运效率与效益的指标进行计算与分析，评价企业的营运能力，为企业提高经济效益指明方向。营运能力分析的指标有应收账款周转率、存货周转率、流动资产周转率、总资产周转率。

1）应收账款周转率，就是年度内应收账款转为现金的平均次数，它说明应收账款流动的速度。用时间表示的周转速度是应收账款周转天数，也叫平均应收账款回收期或平均收现期，表示企业从取得应收账款的权利到收回款项、转换为现金所需要的时间。其计算公式如图9-8所示。

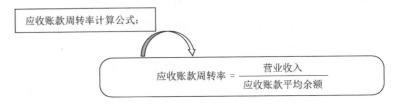

图9-8　应收账款周转率计算公式图

2）存货周转率用于反映存货的周转速度，即存货的流动性及存货资金占用量是否合理，促使企业在保证生产经营连续性的同时，提高资金的使用效率，增强企业的短期偿债能力。其计算公式如图9-9所示。

3）流动资产周转率。流动资产周转率是销售收入与流动资产平均余额的比率，它反映的是全部流动资产的利用效率。其计算公式如图9-10所示。

流动资产周转率是分析流动资产周转情况的一个综合指标，流动资产周转的快，可以节约资金，提高资金的利用效率。

4）总资产周转率。总资产周转率是指企业在一定时期内销售（营业）收入同平均资产总额的比值。总资产周转率是综合评价企业全部资产的经营质量和利用效率的重要指标。其计算公式如图9-11所示。

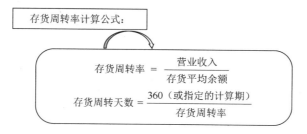

图9-9 存货周转率计算公式图

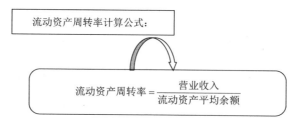

图9-10 流动资产周转率计算公式

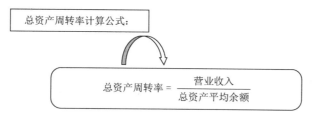

图9-11 总资产周转率计算公式

总资产周转率能综合反映企业整体资产的营运能力。一般来说,资产的周转次数越多或周转天数越少,表明其周转速度越快,营运能力也就越强。企业可以通过薄利多销的办法,加速资产的周转,带来利润绝对额的增加。存货周转率分析的目的是从不同的角度和环节上找出存货管理中的问题,使存货管理在保证生产经营连续性的同时,尽可能少占用经营资金,提高资金的使用效率,增强企业短期偿债能力,促进企业管理水平的提高。

案例指导9-2

接案例指导9-1,计算HL公司2017年营运能力指标,计算期为360天。

解析:

$$应收账款周转率 = \frac{13\,258}{(1\,546+586)/2} = 12.44（次）$$

$$应收账款周转天数 = \frac{360}{应收账款周转率} = \frac{360}{12.44} = 29（天）$$

该公司应收账款周转率较高,说明企业对流动资金运用管理效率高。

$$存货周转率 = \frac{11392}{(556+374)/2} = 24.5（次）$$

$$存货周转天数 = \frac{360}{存货周转率} = \frac{360}{24.5} = 15（天）$$

该公司存货周转率较高，说明存货变现快，企业销售能力强，企业控制存货的能力强。

$$流动资产周转率 = \frac{13258}{(4282+2450)/2} = 3.94（次）$$

$$流动资产周转天数 = \frac{360}{流动资产周转率} = \frac{360}{3.94} = 92（天）$$

该公司流动资产周转率较高，相当于相对扩大了流动资产投入或相对节约了流动资产，增强了企业的盈利能力和偿债能力。

$$总资产周转率 = \frac{13258}{(7292+8886)/2} = 1.64（次）$$

$$总资产周转天数 = \frac{360}{总资产周转率} = \frac{360}{1.64} = 220（天）$$

总资产周转率越高，表明企业资产闲置越少，企业销售能力越强。企业可以通过薄利多销的方法加快资产周转，以增加利润绝对额。

三、盈利能力分析

从企业的角度来看，企业从事经营活动，其直接目的是最大限度地赚取利润并维持企业持续稳定地经营和发展。持续稳定地经营和发展是获取利润的基础，而最大限度地获取利润又是企业持续稳定发展的目标和保证。反映企业盈利能力的指标主要有营业毛利率、营业净利率、总资产收益率、净资产收益率和资本保值增值率等。

1）营业毛利率是营业毛利额与营业净收入之间的比率，用于对企业获利能力的分析，其计算公式如图9-12所示。

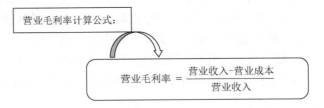

图9-12 营业毛利率计算公式

营业毛利率反映企业营业收入创造净利润的能力。营业毛利率是企业销售的最终获利能力指标，比率越高，说明企业的获利能力越强。但是它受行业特点影响较大，通常来说，越是资本密集型企业，营业净利率就越高；反之，资本密集程度较低的企业，营业净利率也较低。该比率分析应结合不同行业的具体情况进行。

2）总资产收益率

总资产收益率是分析公司盈利能力时又一个非常有用的比率，是另一个衡量企业收益能力的指标。在考核企业利润目标的实现情况时，投资者往往关注与投入资产相关的报酬实现效果，并经常结合每股收益及净资产收益率等指标来进行判断。实际上，总资产收益率是一个更为有效的指标。总资产收益率的高低直接反映了公司的竞争实力和发展能力，也是决定公司是否应举债经营的重要依据。其计算公式如图 9-13 所示。

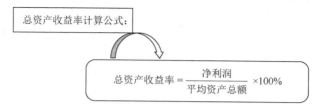

图 9-13　总资产收益率计算公式

3. 净资产收益率

净资产收益率又称股东权益报酬率、净值报酬率、权益报酬率、权益利润率、净资产利润率，是衡量上市公司盈利能力的重要指标。其计算公式如图 9-14 所示。

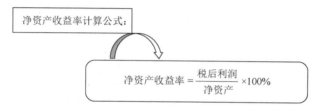

图 9-14　净资产收益率计算公式

净资产收益率越高，说明投资带来的收益越高；净资产收益率越低，说明企业所有者权益的获利能力越弱。该指标体现了自有资本获得净收益的能力。

4. 资本保值增值率

资本保值增值率是财政部制定的评价企业经济效益的十大指标之一，反映了企业资本的运营效益与安全状况。其计算公式如图 9-15 所示。

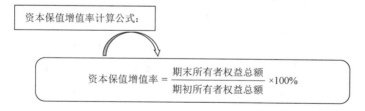

图 9-15　资本保值增值率计算公式

案例指导 9-3

接案例指导 9-1，试计算 HL 公司 2017 年盈利能力指标。

解析：

$$HL公司2017年营业毛利率 = \frac{13\,258 - 11\,392}{13\,258} \times 100\% = 14.07\%$$

通常来说，营业毛利率随行业的不同而高低各异，但同一行业的毛利率一般相差不大。与同行业的平均毛利率比较，可以揭示公司在定价政策、商品销售或产品生产成本控制方面的问题，它反映了企业销售产品或商品的初始获利能力，该比率越大越好。

$$HL公司2017年营业净利率 = \frac{928}{13\,258} \times 100\% = 7\%$$

营业净利率是反映企业营业活动的最终获利能力指标，该公司比率较低，说明企业的盈利能力较弱。

$$HL公司2017年总资产收益率 = \frac{928}{(7\,292 + 8\,886) \div 2} \times 100\% = 11.47\%$$

总资产收益率能表明企业资产利用的综合效果，总资产收益率较低说明企业盈利能力较弱。

$$HL公司2017年净资产收益率 = \frac{928}{(5\,210 + 5\,680) \div 2} \times 100\% = 17.04\%$$

净资产收益率反映企业资本运营的综合效益，可以看出企业盈利能力在同行业中所处的地位，以及与同类企业的水平差异。

$$HL公司2017年资产保值增值率 = \frac{5\,680}{5\,210} \times 100\% = 109.02\%$$

资产保值增值率能反映企业所有者投入企业的资本保全和增值情况，该指标通常是大于1，分析时必须具体分清期末所有者权益的增加是所有者在分析期增加投入资本所致，还是企业保持盈余所致。

四、发展能力分析

企业的发展能力，也称企业的成长性，它是企业通过自身的生产经营活动，不断扩大积累而形成的发展潜能。企业能否健康发展取决于多种因素，包括外部经营环境、企业内在素质及资源条件等。发展能力指标有销售收入增长率、总资产增长率、股权资本增长率、利润增长率等。

1. 销售收入增长率

销售收入增长率是本年营业收入增长额与上年营业收入总额的比值，是评价企业成长状况和发展能力的重要指标。其计算公式如图9-16所示。

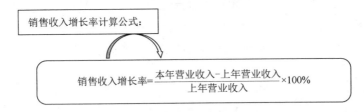

图9-16　销售收入增长率计算公式图

2. 总资产增长率

总资产增长率是企业本年总资产增长额同年初资产总额的比率，反映企业本期资产规模的增长情况。总资产增长率越高，表明企业一定时期内资产经营规模扩张的速度越快。但在分析时，需要关注资产规模扩张的质和量的关系，以及企业的后续发展能力，避免盲目扩张。其计算公式如图9-17所示。

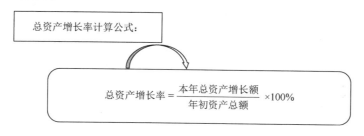

图 9-17　总资产增长率计算公式图

3. 股权资本增长率

股权资本增长率是本年股东权益增长额与年初股东权益总额的比值。该比率越高，说明企业资本积累能力越强，企业的发展能力也越好。其计算公式如图9-18所示。

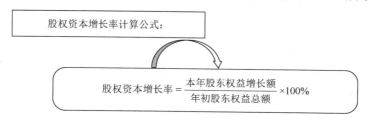

图 9-18　股权资本增长率计算公式图

4. 利润增长率

利润增长率是本年利润总额增长额与上年利润总额的比值，该指标反映了企业盈利能力的变化。该比率越高，说明企业的成长性越好，发展能力越强。其计算公式如图9-19所示。

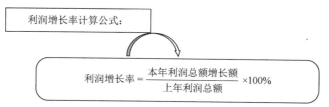

图 9-19　利润增长率计算公式图

案例指导 9-4

接案例指导9-1，计算HL公司2017年的发展能力指标。

解析：

反映企业发展能力的主要财务比率有销售增长率、资产增长率、股权资本增长率、利润增长率等，分别计算如下。

$$\text{HL公司2017年销售增长率} = \frac{13\,258 - 10\,656}{10\,656} \times 100\% = 24.42\%$$

销售增长率反映了企业营业收入的变化情况,是评价企业成长性和市场竞争力的重要指标。

$$\text{HL公司2017年资产增长率} = \frac{8\,886 - 7\,292}{7\,292} \times 100\% = 21.86\%$$

一般来说,资产增长率越高,说明企业资产规模增长的速度快,企业的竞争力会加强。

$$\text{HL公司2017年股权资本增长率} = \frac{5\,680 - 5\,210}{5\,210} \times 100\% = 9.02\%$$

资本增长率越高,说明企业资本积累能力越强,企业的发展能力也越好。该公司股权资本增长率偏低。

$$\text{HL公司2017年利润总额} = \frac{1\,237 - 745}{745} \times 100\% = 66.04\%$$

利润总额较高,说明企业成长性较好,发展能力潜能较大。

五、财务趋势分析

财务趋势分析是指通过比较企业连续几期的财务报表或财务比率,分析企业财务状况变化的趋势,并以此预测企业未来的财务状况和发展前景。财务趋势分析的主要方法有比较财务报表、比较百分比财务报表、比较财务比率、图解法等。

1)比较财务报表又称水平分析法,具体是比较企业连续几期财务报表的数据,分析财务报表中各个项目的增减变化的幅度及其变化原因,来判断企业财务状况的发展趋势。采用该方法时,选择的财务报表期数越多,分析结果可靠性越高。但是,在比较财务报表时,必须考虑到各期财务数据的可比性,在分析过程中应排除非可比因素(如会计政策的变化)。

2)比较百分比财务报表,是比较各项目百分比变化,既可纵向比较同一企业不同时期财务状况,也可横向比较不同企业之间或同行业平均数。

3)比较财务比率,是将企业连续几期的财务比率进行对比,分析企业财务状况的发展趋势。这种方法实际上是比率分析法与比较分析法的结合。

案例指导 9-5

接案例指导 9-1,试计算 HL 公司 2017 年财务趋势分析指标。

解析:

1. 比较财务报表

1)比较资产负债表分析:总资产变化分析,2017 年的资产总额 8 886 为万元,比 2016 年增加了 1 594 万元,增长 21.86%;流动资产变化分析,2017 年的流动资产 2 450 为万元,比 2016 年减少了 1 832 万元,减少 42.78%;固定资产变化分析,2017 年的固定资产 2 684 万元,比 2016 年增加了 1 万元,增长 0.04%;负债总额变化分析,2017 年的负债总额为 3 206 万元,比 2016 年增加了 1 124 万元,增长 53.99%;股东权益变化分析,2017 年的股东权益为 5 680 万元,比 2016 年增加了 470 万元,增长 9.02%;

2）比较利润表分析：营业收入变化分析，2017 年的营业收入为 13 258 万元，比 2016 年增加了 2 602 万元，增长 24.42%；成本费用变化分析，2017 年的营业成本 11 392 为万元，比 2016 年增加了 2 431 万元，增长 27.13%；2017 年的营业税金及附加为 7 万元，比 2016 年增加了 1 万元，增长 16.67%；2017 年的销售费用、管理费用和财务费用三项费用之和为 1 149 万元，比 2016 年增加了 123 万元，增长 10.70%；利润变化分析，2017 年的营业利润为 1 238 万元，比 2016 年增加了 569 万元，增长 85.05%；2017 年的利润总额为 1 237 万元，比 2016 年增加了 492 万元，增长 66.04%；2017 年的净利润为 928 万元，比 2016 年增加了 369 万元，增长 66.01%；

2. 比较百分比财务报表

1）比较百分比资产负债表分析：2017 流动资产占（总资产）比为 27.57%，比 2016 年降低了 31.15%；2017 非流动资产占（总资产）比为 72.43%，比 2016 年增加了 31.15%；2017 负债占（总资产）比为 36.08%，比 2016 年增长 7.53%；2017 股东权益占（总资产）比为 63.92%，比 2016 年下降 7.53%。

2）比较百分比利润表分析：2017 营业成本占（营业收入）比为 85.93%，比 2016 年增长了 1.83%；2017 营业税金及附加占（营业收入）比为 0.53%，比 2016 年下降了 0.04%；2017 销售费用、管理费用和财务费用三项费用之和占（营业收入）比为 8.67%，比 2016 年下降了 0.96%。

3. 比较财务比率

根据案例指导 9-1 分析思路与结果可得：HL 公司 2016 年流动比率为 2.25，2017 年流动比率为 0.84，呈下降趋势；2016 年速比率为 1.96，2017 年速动比率为 0.71，呈下降趋势；2016 年现金比率为 0.81，2017 年流动比率为 0.28，呈下降趋势；其他比率因资料不全无法进行比对。

4）图解法。图解法是将企业连续几期的财务数据或财务比率绘制成图，并根据图形走势来判断企业财务状况的变动趋势。这种方法比较简单、直观地反映了企业财务状况的发展趋势，使分析者能够发现一些通过比较法不易发现的问题。

六、综合能力分析

在进行企业财务状况分析时，常采用杜邦分析法。杜邦分析法利用几种主要的财务比率之间的关系来综合地分析企业的财务状况，这种分析方法最早由美国杜邦公司使用，故名杜邦分析法。杜邦分析法是一种用来评价公司盈利能力和股东权益回报水平，从财务角度评价企业绩效的一种经典方法。其基本思想是将企业净资产收益率逐级分解为多项财务比率乘积，这样有助于深入分析比较企业经营业绩。

1）杜邦分析系统的核心在于对公式的分解，其基本原理如下：

① 与净资产收益率有关的公式分解，如图 9-20 所示。

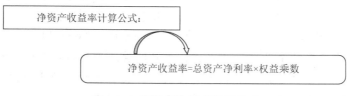

图 9-20　净资产收益率计算公式

② 与总资产净利率有关的公式分解,如图 9-21 所示。

③ 将前面分解的两个公式综合起来可以得到净资产收益率的分解,如图 9-22 所示。

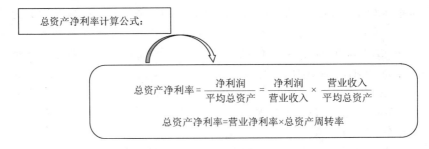

图 9-21　总资产净利率计算公式图

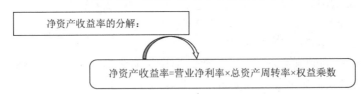

图 9-22　净资产收益率计算公式图

2) 杜邦分析法的运用。

案例指导 9-6

按案例指导 9-5,利用杜邦分析法试分析 HL 公司 2017 年财务综合能力。

解析:

杜邦分析是对企业财务状况进行的综合分析,它通过几种主要的财务指标之间的关系,直观、明了地反映出企业的财务状况。

$$HL公司2017年总资产周转率 = \frac{13\,258}{(7\,292 + 8\,886) \div 2} = 1.64(次)$$

从企业资产方面,除分析资产结构是否合理,还应结合销售收入分析资产周转情况。总资产周转率是对资产周转情况进行分析,资产周转速度直接影响到企业的盈利能力,如果企业资产周转较慢,就会占用大量资金,而增加资本成本就会减少企业的利润。分析资产周转情况时还应结合存货周转率和应收账款周转率。

$$HL公司2017年营业净利率 = 928 \div 13\,258 \times 100\% = 7.00\%$$

营业净利率=净利润÷营业收入。从企业的销售方面,销售净利率反映了企业净利润与销售收入之间的关系。一般来说,销售收入增加,企业的净利润也会随之增加。但是,要想提高销售净利率,必须一方面提高销售收入,另一方面降低各种成本费用,这样才能使利润的增长高于销售收入的增长,从而使销售净利率得到提高。

$$HL公司2017年总资产净利率 = 7.00\% \times 1.64 = 11.48\%$$

资产净利率主要反映企业运用资产进行生产经营活动的效率如何,它揭示了企业生产经营活动的效率,综合性也强。企业的销售收入、成本费用、资产结构、资产周转速度和资金占用量等各种因素,都直接影响到资产净利率的高低。

净资产收益率＝总资产净利率×平均权益乘数（平均权益乘数＝平均总资产÷平均股东权益）

$$HL公司2017年平均权益乘数 = \frac{(7\,292+8\,886)\div 2}{(5\,210+5\,680)\div 2} = 1.49$$

股东权益报酬率是一个综合性极强、最具代表性的财务比率，它是杜邦系统的核心。企业财务管理的重要目标就是实现股东财富的最大化，股东权益报酬率恰恰反映了股东投入资金的盈利能力，反映了企业筹资、投资和生产运营等各方面经营活动的效率。

HL公司2017年股东权益报酬率＝11.48%×1.49＝17.05%。

七、财务报表分析的技能实训

技能实训 9-1

重庆长安汽车财务报表分析

重庆长安汽车股份有限公司，股票简称长安汽车，公司由长安汽车有限责任公司作为独家发起人，以募集方式设立；公司于1996年10月31日在重庆市工商行政管理局注册登记，取得营业执照。公司于1996年9月28日经中国证券监督管理委员会批准，首次向境外投资人发行以外币认购并且在境内上市的境内上市外资股25 000万股，于1996年11月8日在深圳证券交易所上市；公司于1997年5月19日经中国证券监督管理委员会批准，首次向境内社会公众发行人民币普通股12 000万股，于1997年6月10日在深圳证券交易所上市。制造、销售汽车（含轿车），制造汽车发动机系列产品。汽车（含小轿车）开发，汽车发动机系列产品的开发、销售、配套零部件、模具、工具的、开发、制造、销售，机械安装工程科技技术咨询服务，自营和代理各类商品和技术的进出口（国家限定公司经营或禁止进出口的商品和技术除外），开发、生产、销售计算机软件、硬件产品，计算机应用技术咨询、培训、计算机网络系统设计、安装、维护，代办中国电信股份有限公司重庆分公司委托的电信业务。请根据2016年长安汽车的财务报表（表9-3～表9-5）分析相应的财务指标。

表9-3 2016长安汽车年利润表　　　　　　　　单位：人民币元

科目	2016年度	科目	2016年度
一、营业收入	78 542 441 757.19	二、营业利润	9 458 171 490.58
减：营业成本	64 487 605 908.58	加：补贴收入	
营业税金及附加	3 629 619 040.93	营业外收入	983 119 330.50
销售费用	5 293 744 700.63	减：营业外支出	91 466 040.83
管理费用	5 128 856 385.18	其中：非流动资产处置净损失	33 834 450.18
勘探费用		加：影响利润总额的其他科目	
财务费用	-305 390 915.29	三、利润总额	10 349 824 780.25
资产减值损失	468 851 401.15	减：所得税	73 230 121.41
加：公允价值变动净收益		加：影响净利润的其他科目	
投资收益	9 619 016 254.57	四、净利润	10 276 594 658.84
其中：对联营企业和合营企业的投资权益	9 563 723 801.40	归属于母公司所有者的净利润	10 285 284 120.57
影响营业利润的其他科目		少数股东损益	-8 689 461.73

表 9-4 2016 长安汽车年资产负债表　　　　　　　　　　　单位：人民币元

科目	2016年12月31日	科目	2016年12月31日
货币资金	24 782 504 552.44	短期借款	175 000 000.00
交易性金融资产		交易性金融负债	
应收票据	29 002 539 261.26	应付票据	20 952 104 805.58
应收账款	1 498 837 041.54	应付账款	19 880 580 102.39
预付款项	1 060 809 892.75	预收款项	6 854 337 365.01
其他应收款	1 403 399 178.49	应付职工薪酬	1 839 947 475.23
应收关联公司款		应交税费	555 681 489.16
应收利息	19 318 138.89	应付利息	73 458 000.00
应收股利		应付股利	79 742.80
存货	7 304 106 822.61	其他应付款	1 449 028 595.97
一年内到期的非流动资产		一年内到期的非流动负债	1 992 341 127.81
其他流动资产	926 060 330.87	其他流动负债	4 211 570 198.88
流动资产合计	65 997 575 218.85	流动负债合计	59 994 282 854.70
非流动资产：		非流动负债：	
可供出售金融资产	432 476 274.00	长期借款	19 980 912.00
长期股权投资	14 743 367 010.03	专项应付款	217 497 540.80
投资性房地产	7 782 984.40	预计负债	
固定资产	15 480 484 513.99	递延所得税负债	34 535 250.00
在建工程	3 821 703 830.78	其他非流动负债	
工程物资	96 690.75	非流动负债合计	3 163 031 329.17
固定资产清理		负债合计	63 157 314 183.87
生产性生物资产		实收资本（或股本）	4 802 648 511.00
油气资产		资本公积	5 085 301 532.55
无形资产	3 444 950 675.03	盈余公积	2 401 324 255.50
开发支出	1 111 176 453.49	减：库存股	
商誉	9 804 394.00	未分配利润	31 126 707 710.94
长期待摊费用	13 448 409.63	少数股东权益	-220 652 853.81
递延所得税资产	1 447 607 278.98	外币报表折算价差	
非流动资产合计	40 512 898 515.08	所有者权益（或股东权益）	43 353 159 550.06
资产总计	106 510 473 733.93	负债和所有者（或股东权益）合计	106 510 473 733.93

表 9-5 长安汽车 2016 年现金流量表　　　　　　　　　　　单位：人民币元

科目	2016年度	科目	2016年度
销售商品、提供劳务收到的现金	78 942 062 368.66	取得子公司及其他营业单位支付的现金净额	
收到的税费返还	178 956 002.72	支付其他与投资活动有关的现金	
收到其他与经营活动有关的现金	1 355 517 641.00	投资活动现金流出小计	4 644 798 094.50
经营活动现金流入小计	80 476 536 012.38	投资活动产生的现金流量净额	5 437 209 876.59
购买商品、接受劳务支付的现金	59 116 153 862.52	吸收投资收到的现金	1 984 000 000.00
支付给职工以及为职工支付的现金	5 549 657 883.75	取得借款收到的现金	167 940 510.00

续表

科目	2016年度	科目	2016年度
支付的各项税费	6 901 561 944.16	收到其他与筹资活动有关的现金	1 109 969.63
支付其他与经营活动有关的现金	6 622 611 016.75	筹资活动现金流入小计	2 153 050 479.63
经营活动现金流出小计	78 189 984 707.18	偿还债务支付的现金	9 638 990.00
经营活动产生的现金流量净额	2 286 551 305.20	分配股利、利润或偿还利息支付的现金	3 110 847 894.67
收回投资收到的现金		支付其他与筹资活动有关的现金	1 482 209 049.71
取得投资收益收到的现金	9 799 173 102.34	筹资活动现金流出小计	4 602 695 934.38
处置固定资产、无形资产和其他长期资产收回的现金净额	2 799 368.75	筹资活动产生的现金流量净额	-2 449 645 454.75
处置子公司及其他营业单位收到的现金净额		四（1）、汇率变动对现金的影响	-6 605 001.21
收到其他与投资活动有关的现金	280 035 500.00	四（2）、其他原因对现金的影响	
投资活动现金流入小计	10 082 007 971.09	五、现金及现金等价物净增加额	5 267 510 725.83
购建固定资产、无形资产和其他长期资产支付的现金	4 644 798 094.50	期初现金及现金等价物余额	17 725 921 341.22
投资支付的现金		期末现金及现金等价物余额	22 993 432 067.05

解析：

根据财务报表，相应得到的财务指标如表9-6所示。

表9-6 2016年长安公司财务分析指标

项目/报告期	指标	2016年度
投资与收益	基本每股收益（元）	2.19
	每股净资产（元）	9.0729
	净资产收益率—加权平均（%）	26.81
	扣除后每股收益（元）	2.02
偿债能力指标	流动比率（倍）	1.1
	速动比率（倍）	0.98
	资产负债比率（%）	59.3
盈利指标	净利润率（%）	13.1
	总资产报酬率（%）	10.5
营运能力	应收账款周转率（次）	66.16
	存货周转率	8.36
	固定资产周转率	5.35
	总资产周转率	0.8

2016年，中国汽车市场产销规模再攀新高，全年累计产销双超2 800万辆，同比增长分别为14.5%和13.7%，并再次刷新全球单一市场的历史纪录，连续八年稳居全球第一大汽车市场；在全球市场所占比重已由1/4强向接近1/3迈进，一个3 000万辆级的汽车市场已经成型。2016年，乘用车产销继续保持平稳增长态势，分别完成2 442.1万辆和2 437.7万辆，比上年同期分别增长15.5%和14.9%。2016年是"十三五"开局之年，长安汽车创新战略管理，保持战略定力，坚持自主与合资"两条腿"走路，扎实实施事业领先计划，

主要战略目标全面达成,汽车产销创历史新高,突破 306 万辆,市场份额 10.9%,保持行业第四的地位,在全球拥有超过 1 400 万用户。同时,自主乘用车的品牌、产品与技术和体系力不断增强,为长安汽车的未来发展奠定了坚实的基础,坚定了长安汽车打造世界一流汽车企业的信心和决心。长安汽车实施事业领先计划,努力打造世界一流汽车企业。抓住未来十年关键的战略机遇期,特别是抓住未来 3~5 年,实现快速、健康和可持续发展。坚持自主与合资"两条腿"协同发展,加快自主板块发展,努力打造世界一流企业的根基。

同时,长安汽车应进一步加强合资合作,创新合资合作发展道路;坚持以中国市场为主体,积极、稳健开拓海外市场;以新能源技术等为突破口,以信息化技术创新为手段,加快长安汽车从传统制造企业向现代制造服务型企业转型。

拓展延伸篇

学习情境十

财务战略

1. 了解财务战略概念，熟悉财务战略特点；
2. 掌握财务战略内容；
3. 熟练掌握财务战略综合分析方法。

新时代下格力电器的财务战略

近几年，由于我国国内市场经济不景气，面对外部大环境的影响，电器制造行业面临着不小的挑战，特别是空调业务发展遇到了瓶颈。格力电器通过重新审视自身发展的局限性，正在不断开发多元化产品，通过走多元化的道路，来提高企业自身的竞争力。

对于企业来说，一般是先靠自身的资金积累来满足其资金需求，在不能满足其需要的情况下才会利用其他方式来筹集资金。格力电器的外部筹集资金的方式主要是短期借款和长期借款，格力电器制定了比较合理的筹资战略，合理地分配了短期借款和长期借款的比例，从而降低了企业的经营、财务风险。2012—2014 年，格力电器营业收入逐年增加，其中，空调和生活电器营业收入平稳增加，增加幅度不大，而其他产品，主要包括压缩机、电机、电容、漆包线、模具、自动化设备等，收入大幅度增加。2015 年，由于电器行业的不景气，空调和生活电器的收入有所下降，而其他类的产品的收入却大幅度增加，说明格力电器在实施多元化战略，产品的多元化在 2015 年的效益尤为明显，调整了产业结构，大大提高了公司的业绩。

格力电器的投资主要是直接投资和长期股权投资，没有间接投资。直接投资包括固定资产投资和在建工程投资两部分，其中固定资产投资所占总直接投资的比例比较大，并且固定资产的投资四年来一直在增加，而在建工程投资在 2012—2014 年一直下降，到了 2015 年，在建工程投资涨幅很大，是 2014 年投资额的两倍。固定资产投资不断增加，说明格力电器规模在扩张，对其他领域进行扩张，产品多元化正在进行中，特别是 2015 年格力电器的在建工程的投资金额突然增加了 90 000 万元，这和 2015 年市场经济不景气，其空调产业在面临瓶颈的挑战，格力电器已经在积极进行产品多元化转型了。通过这些努力，格力电器提升了企业的核心竞争力，也符合企业的整体发展战略。

2012—2015 年，格力电器每年都向股东发放股利，其分配方式是以现金分红为主，其中送股和转股相对较少。格力电器的现金股利发放金额，2012—2015 年逐渐在增加。值得注意的是，2014 年度格力电器每 10 股派发现金 30 元（含税），全体股东每 10 股转增 10 股，尤其在 2014 年，格力电器以每 10 股派发现金股利 30 元，成为 A 股家电产业"最慷慨"的分红政策，最大程度上吸引了投资者，为企业发展增速。

根据当前的情况，思考以下问题：
1）格力电器财务战略包括哪些内容？
2）格力电器如何进行财务战略选择，为企业长远的发展做部署？

预备知识　财务战略概述

一、财务战略的概念

财务战略是指为谋求企业资金均衡有效的流动和实现企业整体战略，为增强企业财务竞争优势，在分析企业内外环境因素对资金流动影响的基础上，对企业资金流动进行全局性、长期性与创造性的谋划，并确保其执行的过程。财务战略关注的焦点是企业资金流动，这是财务战略不同于其他各种战略的质的规定性；企业财务战略应基于企业内外环境对资金流动的影响，这是财务战略环境分析的特征所在。企业财务战略的目标是确保企业资金均衡有效流动而最终实现企业总体战略；企业财务战略应具备战略的主要一般特征，即应注重全局性、长期性和创造性。

二、财务战略的特点

财务战略在企业战略体系中的相对独立性。企业战略具有多元化结构的特征，它不仅包括企业整体意义上的战略，而且包括职能层次上的战略。财务战略作为企业职能战略之一，其相对独立性主要取决于以下两个基本事实：在市场经济条件下，财务管理不再只是企业生产经营过程的附属职能，而是有其特定的相对独立的内容；财务活动并非总是企业的"局部"活动，而是有着许多对企业整体发展具有战略意义的内容。

1. 财务战略地位的从属性

财务战略作为企业战略系统中的一个子系统，尽管它有其自身的特色、具有相对的独立性，但它必须服从和反映企业战略的总体要求，应该与企业战略协调一致，并为企业战略的顺利实施和圆满完成提供资金支持。

2. 财务战略谋划对象的特殊性

财务战略是对企业财务活动的一种谋划，其目标是谋求企业资金运动最优化。财务战略要解决风险与收益的矛盾、收益性与成长性的矛盾、偿债能力与盈利能力的矛盾、生产经营与资本经营的矛盾等,这一系列矛盾都是由财务战略谋划对象的特殊性引发的。

3. 财务战略实施主体的全员性

从纵向看,财务战略的制定与实施应是企业经营者、财务职能部门经理、基层财务部门三位一体的管理过程;从横向看,财务战略必须与企业其他战略相配合,渗透到企业的各个部门、各个方面,并最终由经营者负责协调。因此,财务战略管理实际上是以经营者经营战略为主导、以财务职能部门战略管理为核心、以其他部门的协调为依托而进行的全员管理。

三、财务战略的内容

财务战略按照职能类型可以分为以下四类:投资战略、筹资战略、营运战略、股利战略;财务战略按照综合类型可以分为四类,分别为扩张型财务战略、稳增型财务战略、防御型财务战略、收缩型财务战略。具体详细内容如表 10-1 和表 10-2 所示。

表 10-1　财务战略类型

战略类型	说明
投资战略	涉及企业长期、重大投资方向的战略性筹划。企业重大的投资行业、投资企业、投资项目等筹划,属于投资战略问题
筹资战略	涉及企业重大筹资方向的战略性筹划。企业重大的首次发行股票、增资发行股票、发行大笔债券、与银行建立长期合作关系等战略性筹划
营运战略	涉及企业营运资本的战略性筹划。企业重大的营运资本策略、与重要的供应商和客户建立长期商业信用关系
股利战略	涉及企业长期、重大分配方向的战略性筹划。企业重大的留用利润方案、股利政策的长期安排等战略性筹划,属于股利战略问题

表 10-2　财务战略综合类型

战略类型	说明
扩张型财务战略	长期内迅速扩大投资规模,全部或大部分保留利润,大量筹措外部资本
稳增型财务战略	长期内稳定增长的投资规模,保留部分利润,内部留存与外部筹资相结合
防御型财务战略	保持现有投资规模和投资收益水平,保持或适当调整现有资产负债率和资本结构水平,维持现行的股利政策
收缩型财务战略	维持或缩小现有投资规模,分发大量股利,减少对外筹资,甚至通过偿债和股份回购归还投资

四、财务战略的关系

企业战略是一个复杂的系统,可以分为不同的层次,一般来说,企业战略包括两个层次:第一个层次是企业总体战略(又称公司级战略);第二个层次是企业职能战略。在实行事业部制的企业里,企业战略还包括事业部战略。企业各层次战略都要充分调动企业内部的一切资源优势,同时把计划、组织、领导、协调和控制等各种管理功能综合运用起来,发挥企业总体优势,以实现企业战略目标。

企业总体战略是企业战略的总纲,是企业最高管理层指导和控制企业的一切行为的最高行动纲领。企业总体战略的主要内容包括企业战略决策的一系列最基本的因素,它强调以下两个方面的因素:

1）我们应该做什么业务，即确定企业的性质和宗旨，确定企业活动的范围和重点。这些因素不仅仅决定着企业的经营状况，而且还能决定企业在外部市场环境中的地位，因而是企业生存和发展的基本问题。

2）我们如何发展这些业务，即以最有利于提高企业整体绩效为资源的需要，合理配置资源。

企业职能战略是为贯彻、实施和支持企业总体战略而在企业特定的职能管理领域制定的战略。企业职能与总体战略的关系是从属关系，即职能战略是总体战略的组成部分，是从属于总体战略的。当然与企业总体战略相比较，企业职能也有自己的特点，即更为详细、具体和具有可操作性。职能战略是由一系列详细的方案的计划构成的，涉及企业经营管理的所有领域，一般包括研究与开发战略、生产战略、营销战略与人力资源开发战略等。

企业投资战略也是一种职能战略。投资战略作为一种职能战略，必须以企业全局为基本出发点，企业的投资战略必须在企业总体战略之下展开，为企业总体战略服务。企业投资战略在企业战略体系中占有举足轻重的地位，在企业明确了自己的性质和宗旨后，通过对企业资源的合理组合运用，决定企业如何发展这些业务。

任务一　投　资　战　略

一、投资战略的概念

投资战略是指根据企业总体经营战略要求，为维持和扩大生产经营规模，对有关投资活动所作的全局性谋划。它是将有限的投资资金，根据战略目标评价、比较、选择投资方案或项目，获取最佳的投资效果所作的选择。有专家认为投资战略是总体战略中较高层次的综合性子战略，是经营战略化的实用化和货币表现，并影响其他分战略。

二、投资战略的类型

企业投资战略主要类型有8种，即扩大现有生产能力的投资战略、寻求规模经济的投资战略、联合型的投资战略、兼并型的投资战略、盈利型的投资战略、垂直扩张型的投资战略、水平扩张型的投资战略、开发型的投资战略。

任务二　筹　资　战　略

一、筹资战略的概念

筹资战略是指企业在总体战略的指导下，根据对企业内外部环境的分析和对未来趋势的预测，作出有关解决资金筹集目标、规模、结构和方式等问题的谋划。筹资既是一个公司成立的前提，又是公司发展的基础，其内容极为复杂，是任何企业都必须十分重视的问题。公司筹资从筹资量来看，主要是解决公司发展的资金需要问题，它与公司发展战略目标有关，受公司发展战略目标的制约；从筹资结构来看，主要是要解决如何通过控制与利用财务风险来达到降低筹资成本和提高股权资金收益率的问题,它与公司经营风险和财务风险的大小有关。

二、筹资战略的类型

筹资战略分为长期资金筹集战略和短期资金筹集战略。长期资金是指企业使用期在一年或一个经营周期以上的资金。从资本市场看,长期资金的来源主要有普通股、优先股和公司债三种。在三种筹资方式中,筹资成本最高的筹资方式是普通股、筹资成本最低的是公司债,筹资风险最大的筹资方式是公司债,风险最低的是普通股,优先股是一种弹性比较大的筹资方式。短期资金是指企业短期(一般在一年以内)使用的资金。短期资金的筹集来源较多,通常有以下三种方式:商业信用、银行信用、应付费用。

在筹资结构中,长期筹资的比例越高,企业的风险就越小,但付出的筹资代价就越高。具体来说,有以下几种长短期筹资结构战略:低风险、安全战略;低成本、冒险战略;低成本、低风险战略。

任务三 营 运 战 略

一、营运战略的概念

营运战略,是运营管理中最重要的一部分,传统企业的运营管理并未从战略的高度考虑运营管理问题,但是在今天,企业的运营战略具有越来越重要的作用和意义。运营战略是指在企业经营战略的总体框架下,如何通过运营管理活动来支持和完成企业的总体战略目标。

营运战略可以视为使运营管理目标和更大的组织目标协调一致的规划过程的一部分。营运战略涉及对运营管理过程和运营管理系统的基本问题所做出的根本性谋划。

由此可以看出,营运战略的目的是支持和完成企业的总体战略目标。运营战略的研究对象是生产运营过程和生产运营系统的基本问题,所谓基本问题是指包括产品选择、工厂选址、设施布置、生产运营的组织形式、竞争优势要素等。运营战略的性质是对上述基本问题进行根本性谋划,包括生产运营过程和生产运营系统的长远目标、发展方向和重点、基本行动方针、基本步骤等一系列指导思想和决策原则。

二、营运战略的类型

营运战略作为企业整体战略体系中的一项职能战略,它主要解决在运营管理职能领域内如何支持和配合企业在市场中获得竞争优势。运营战略一般分为两大类:一类是结构性战略,包括设施选址、运营能力、纵向集成和流程选择等长期的战略决策问题;另一类是基础性战略,包括劳动力的数量和技能水平、产品的质量问题、生产计划和控制,以及企业的组织结构等时间跨度相对较短的决策问题。

企业的运营战略是由企业的竞争优势要素构建的。竞争优势要素包括低成本、高质量、快速交货、柔性和服务。企业的核心能力就是企业独有的、对竞争优势要素的获取能力,因此,企业的核心能力必须与竞争优势要素协调一致。

任务四 股利战略

一、股利战略的概念

股利战略就是依据企业战略的要求和内、外环境状况,对股利分配所进行的全局性和长期性谋划。在现实世界中,企业的股利分配要受企业内、外多种因素的影响,正是这些因素的积极作用,决定了企业股利分配的可行方案。

二、股利战略的特点

与通常所说的股利决策或股利政策相比较,股利战略具有以下两个特点:

1)股利战略不是从单纯的财务观点出发决定企业的股利分配,而是从企业的全局出发,从企业战略的整体要求出发来决定股利分配的。

2)股利战略在决定股利分配时,是从长期效果着眼的,它不过分计较股票价格的短期涨落,而是关注于股利分配对企业长期发展的影响。

三、股利战略的类型

1. 剩余股利战略

在发放股利时,优先考虑投资的需要,如果投资过后还有剩余则发放股利,如果没有剩余则不发放。这种战略的核心思想是以公司的投资为先,以发展为重。

2. 稳定或持续增加的股利战略

稳定的股利战略是指公司的股利分配在一段时间里维持不变;而持续增加的股利战略则是指公司的股利分配每年按一个固定成长率持续增加。

3. 固定股利支付率战略

公司将每年盈利的某一固定百分比作为股利分配给股东。它与剩余股利战略正好相反,优先考虑的是股利,后考虑保留盈余。

4. 低正常股利加额外股利战略

公司事先设定一个较低的经常性股利额,一般情况下,公司会按此金额发放股利,只有当累积的盈余和资金相对较多时,才支付正常以外的股利给股东。

任务四 财务战略综合分析

财务战略综合分析是企业战略从整体上决定企业未来发展方向并为实现企业目标服务,

所以战略分析成为企业财务分析的出发点,财务战略分析作为非财务信息是对传统财务分析的补充,通过对企业财务战略的分析,可以为外部利益相关者提供关于企业目标、发展趋势、市场格局等相关信息。财务战略综合分析在一定程度上反映企业管理现状,可以作为评价企业管理水平的依据,进而为财务分析奠定基础。

一、会计分析

财务报表分析结果的可靠性在很大程度上取决于公司披露的会计信息的真实性及可靠性,所以会计分析将成为企业财务分析不可忽视的重要组成部分。会计分析应将重心放在分析企业运用会计及财务管理原则的恰当性和企业对会计处理的灵活程度。企业财务报表附注可以提供关于会计政策与会计估计运用恰当性的有效证据。另外,也可以通过对行业、竞争对手、外部宏观经济环境的剖析来判定企业财务数据的真实性。根据分析结果重新调整财务报表中的相关数据以消除异常数据。

二、财务分析

在对企业会计恰当性分析并得出调整后的会计数据之后就可以对针对会计报表进行财务分析,财务分析并不是单纯分析企业财务数据,而是结合企业所处的行业环境及企业发展财务战略解释财务数据异常的原因。在进行财务分析时应重点关注财务指标或财务数据在某一时点的异常变化,分析产生变化的原因。分析财务数据异常变化时可以在会计分析的基础上进行,会计分析所提供的关于会计数据真实性的有效证据可以作为财务异常分析的基础。

三、前景分析

前景分析不同于传统财务报表分析中的企业发展能力分析,企业未来的发展前景是企业财务战略定位、产业环境及企业财务能力综合的结果,而不仅仅是从财务指标增长率来评价。分析企业发展前景时应注重企业能否发挥自身技术优势及企业与竞争对手的竞争能力。具备较强竞争能力的企业即使短期业绩达不到预期,从长期来看也依然具有较好的投资前景。

四、财务战略的技能实训

技能实训 10-1

国美电器财务战略分析

国美电器于 1987 年 1 月 1 日正式成立,公司最初的定位是家电零售连锁企业。2004年 8 月,国美电器在香港联交所成功上市,股票代码为 00493。国美电器经过多年合并和发展,除了拥有国美这一原始品牌,又吸收了永乐、大中、黑天鹅等全国性和区域性知名家电零售品牌。国美电器的迅速发展,主要是依靠并购等方法来实现门店规模的快速扩张,以此来扩大在家电领域的市场份额。随着国美的不断发展,国美的业务种类也从原来单一的电器类扩展到时装、鞋包、母婴、百货和黄金等各种零售业务,国美正大力推进去电器化的进程。国美本着"商者无域、合力共赢"的企业发展理念,和"信"字当先的企业文化，与各大制造企业及零售企业都保持着紧密友好、互助互利的财务战略合作伙伴关系，在实现自我发展的同时也促进了行业的整体繁荣。

2011年4月，国美电器网上商城正式上线，它是国美发展新型电子商务模式的得意之作，它融合了"实体店"与"B2C"，是一种创新的"互联网+"业务，国美建立了实体零售业后首个向线上发展的电子商务平台。随后，国美整合了"国美电器网上商城"和收购的"Kuba"两个业务平台，实现了统一管理和资源共享。整合完成之后，正式使用国美在线的品牌运营。国美在线将自身定位为面向"B2C"业务的跨品类综合性电商服务平台，依托于国美在线的后台能力，国美在线专注于发展成为综合类电商平台，打造自有品牌，实现自有网站的独立运营。

资料一：国美电器筹资规模较大，通过债务筹资和权益筹资两种方式进行筹资，资产负债率一直在57%以上，债务筹资规模一直高于所有者权益的筹资规模，2009—2015年，国美电器的资产总额、负债总额及所有者权益总额总体保持上升趋势。流动负债占负债总额的比例一直在9成以上，长期筹资占比极小。国美电器流动负债率保持在0.9以上，长期负债率与前者相反一直0.05以下，保持较低水平。

资料二：国美投资，主要用于建设厂房、购买设备等自身发展上。国美的销售毛利率虽然呈上升趋势，但总体水平较低，我国零售业大中型企业的毛利率整体在16%左右，国美始终低于行业水平；国美的销售净利率、资产净利润率和净资产收益率分别都呈下降趋势同样未达到行业平均水平。

资料三：国美电器的流动资产主要由货币资金和存货构成。货币资金占比较大，应收账款占比较稳定，主要是国美电器作为零售企业其主要客户是消费者，延期付款的情况比较少。但存货长期占流动资产的比重较大，且占比较为稳定，基本在30%左右，显示出国美的存货管理压力较大。国美电器的存货占比一直高于行业平均水平，主要是由于随着家电零售行业的竞争日益激烈，国美低价策略的竞争优势已不再明显，而苏宁、京东等采取的创新的、广泛的营销手段对国美的市场地位带来了冲击。国美的应付账款占流动负债的比重较大。

资料四：除2012年亏损为分红外，国美多以现金分红为主，且呈逐年减少趋势，这这段时期，整个零售业环境发生巨大变化，利润下滑，传统零售业面临互联网思维巨大挑战。

要求：

1）结合企业资料的实际情况，从筹资战略、投资战略、营运资金战略、利润分配战略四个方面分析国美电器的财务战略。

2）针对现阶段国美电器的财务战略给出财务战略建议。

解析：

1）结合企业实际情况，从筹资战略、投资战略、营运资金战略、利润分配战略四个方面对国美电器的财务战略分析如下：

① 筹资战略。国美电器的筹资规模虽然较大，但规模增长速度较为平稳和缓慢，虽然债务筹资的规模一直高于权益筹资的规模，但国美选择的仍然是二者并行，相互结合的方式进行融资；资产负债率总体保持上升趋势，风险较高，但近年来国美已经开始控制筹

资风险。同时,国美的流动负债规模远远高于非流动负债,其筹措资金主要依赖于短期筹资。可以看出,国美电器采取的筹资战略整体较为稳健。

② 投资战略。国美电器的投资战略较为保守,投资结构单一且多为对内投资,主要集中在固定资产上,通过扩大生产经营,从而提高企业自身生产经营能力,只注重于发展现有产品,并没有开拓的意识;反映企业投资收益的四项指标均低于行业水平,国美的投资效益也不高。

③ 营运资金战略。国美电器在营运资金战略方面整体上比较稳健,流动资产始终占比较高,存货和应付账款占比较高,营运资金结构不够合理,由于存货和应付账款的变现能力不高,营运风险较大;国美的营运效益保持稳步提高。整体来看,国美电器在现阶段采取的是稳健型财务战略。

④ 利润分配战略。在利润分配方面很显然国美采取的是低收益分配战略,为了应对行业变化和满足自身发展需要,国美选择将大部分利润留存于企业,近几年有分配的年份皆采用现金股利分配。

2) 财务战略建议:

① 调整筹资结构控制风险。企业的筹资战略是财务战略的起点,是非常重要的一环,其选择应与企业总体战略相辅相成,企业筹资战略的选择会直接限制和影响其他战略的选择。现阶段,全球经济增长放缓,我国零售业竞争日趋激烈,互联网零售来势汹汹,国美电器正处于转型和扩张的重要时期。为了保持企业的持续发展和竞争优势,国美急需资金支持,但国美的筹资战略过于保守。虽然其流动资产和流动负债所占资产和负债的比重较高,并且资产结构始终比流动负债结构大,这使流动资产能够偿付流动负债,偿债风险较小,但是筹资规模无法与扩张战略相匹配,必然会导致国美的发展力量不足,容易错失机会。

第一,加强筹资风险控制。国美虽然采取的是债务融资和权益融资相结合的保守型筹资战略,但资产负债率较高,偿债能力较弱,筹资风险较大。且国美正处在外部威胁加剧,自身发展转型的关键时刻,经营风险加大。国美需将资产负债率控制在较低的水平,避免意外事件造成资不抵债;在做好风险预防措施以外,还应大力建设风险监测体系和预警体系。

第二,调整筹资结构,拓宽融资渠道。国美电器基本依赖于短期筹资,流动负债占负债总额的比重一直保持在 90%以上,财务风险相对较高。国美应合理调整长期筹资的比例,合理改善负债构成,综合利用降低风险;使用多种融资方式,通过发行新股或增加长期借款,改善企业筹资状况

② 注重多元化投资。国美电器的投资多用于增添厂房机器等固定资产,且除对内投资外几乎没有其他投资,而在投资效益方面,投资回报率不高。这与现阶段我国经济大环境和国美所处的行业发展整体势头并不相符。投资结构的单一化意味着国美的发展途径单一,过于守成在现在这个整体经济日新月异的大环境下很容易被淘汰牺牲。

第一,坚持长远发展目标,配合企业整体战略。随着互联网的发展,"互联网+"不仅受广大消费者的喜爱更被国家大力支持,国美在加快实体门店布局的基础上,应加速线上和线下互相融合。在电子商务蓬勃发展的现阶段,国美不应故步自封,而应适应潮流,以其自身多年积累的忠实客户群为出发点,大力发展电商业务。

第二,注重多元化投资战略。在发展线下门店和电子商务的同时,国美更要在现有零售业务之外拓展新的领域,如传统的金融行业、房地产行业和物流业务等。但进入陌生领

域，这对国美在资金投入、培养人才、技术革新和管理系统等方面都提出了新的挑战。国美应在保持并增强自身核心竞争力的基础上制定多元化投资战略，与时俱进。

第三，积极发展大数据平台，加强物流服务建设。近几年，随着网络的快速普及和手机终端的大量应用，互联网零售业务大肆兴起，国美电器顺应互联网零售时代的趋势，涉足电子商务领域。无论是电脑终端还是移动终端，电子商务都离不开数据的分析与应用，客户流量即代表着市场和收入。国美一直以来的竞争者如淘宝、苏宁、京东等，同样早已开始物流和数据平台的建设，并已见成效；无论是淘宝的上亿用户流量还是京东、苏宁的自建物流，都已形成各自的特征身份。互联网企业利用大数据提升自身竞争力，"互联网+"零售业的国美电器更应大力投资物流建设并发展大数据技术平台，保持核心竞争力的领先，走在技术革新的最前端。

③ 合理调整营运结构。国美电器流动资产结构不合理，国美电器持有大量的货币，同时其存货长期占流动资产较大比重，面临巨大的存货管理压力，且存货变现能力差；流动负债结构也不合理，应付款项占比过高，应付账款周转率很高，国美电器占用了供应商大量资金，与供应商关系相对紧张，承担着较大的还款压力。营运资金效率有所提高但营运资金的风险也非常高。调整营运结构，降低营运风险。货币资金本身并不能获利，国美在满足自身生产经营需要的基础上应适当减少企业货币。国美通过大量使用应付账款虽然能减少资金使用成本，但长时间、过度的占用供应商资金易造成与供应商关系紧张，极易产生财务风险，应适当减少付款延期时间，改善供应商关系的同时可以加强合作，增强与供应商的绑定程度，实现双赢。国美作为零售企业一直都承担着相当大的存货管理压力，应对存货进行有效的预算管理、完善存货的配送制度，加快存货的流转速度。

④ 结合企业发展情况合理采取分配策略。国美电器正处于发展转型的重要阶段，需要大量资金，而企业利润相比外部融资的成本更低，为了保证资金供给满足企业发展，企业必然会将大部分甚至全部利润留存于企业，因而国美电器应继续实施低分配战略。企业留存利润用于发展自然无可厚非，但企业价值最大化与股东价值最大化一直以来都是一个很难调和的矛盾。国美应首先向股东详细说明企业面临的重要挑战和发展需求，并取得股东谅解和统一；同时为了安抚股东，适度的低分配也有助于维护企业和股东的关系。此外，企业还可以结合具体情况权衡现金股利和股票股利的利弊，采取适当的分配策略。

附 录

年金现值系数表（PVIFA表）

期数	1%	2%	3%	4%	5%	6%	8%	10%	12%	14%	15%	16%	18%	20%	22%	24%	25%	30%	35%	40%	45%	50%
1	0.99	0.98	0.97	0.961	0.952	0.943	0.925	0.909	0.892	0.877	0.869	0.862	0.847	0.833	0.819	0.806	0.799	0.769	0.74	0.714	0.689	0.666
2	1.97	1.941	1.913	1.886	1.859	1.833	1.783	1.735	1.69	1.646	1.625	1.605	1.565	1.527	1.491	1.456	1.44	1.36	1.289	1.224	1.165	1.111
3	2.94	2.883	2.828	2.775	2.723	2.673	2.577	2.486	2.401	2.321	2.283	2.245	2.174	2.106	2.042	1.981	1.952	1.816	1.695	1.588	1.493	1.407
4	3.901	3.807	3.717	3.629	3.545	3.465	3.312	3.169	3.037	2.913	2.854	2.798	2.69	2.588	2.493	2.404	2.361	2.166	1.996	1.849	1.719	1.604
5	4.853	4.713	4.579	4.451	4.329	4.212	3.992	3.79	3.604	3.433	3.352	3.274	3.127	2.99	2.863	2.745	2.689	2.435	2.219	2.035	1.875	1.736
6	5.795	5.601	5.417	5.242	5.075	4.917	4.622	4.355	4.111	3.888	3.784	3.684	3.497	3.325	3.166	3.02	2.951	2.642	2.385	2.167	1.983	1.824
7	6.728	6.471	6.23	6.002	5.786	5.582	5.206	4.868	4.563	4.288	4.16	4.038	3.811	3.604	3.415	3.242	3.161	2.802	2.507	2.262	2.057	1.882
8	7.651	7.325	7.019	6.732	6.463	6.209	5.746	5.334	4.967	4.638	4.487	4.343	4.077	3.837	3.619	3.421	3.328	2.924	2.598	2.33	2.108	1.921
9	8.566	8.162	7.786	7.435	7.107	6.801	6.246	5.759	5.328	4.946	4.771	4.606	4.303	4.03	3.786	3.565	3.463	3.019	2.665	2.378	2.143	1.947
10	9.471	8.982	8.53	8.11	7.721	7.36	6.71	6.144	5.65	5.216	5.018	4.833	4.494	4.192	3.923	3.681	3.57	3.091	2.715	2.413	2.168	1.965
11	10.367	9.786	9.252	8.76	8.306	7.886	7.138	6.495	5.937	5.452	5.233	5.028	4.656	4.327	4.035	3.775	3.656	3.147	2.751	2.438	2.184	1.976
12	11.255	10.575	9.954	9.385	8.863	8.383	7.536	6.813	6.194	5.66	5.42	5.197	4.793	4.439	4.127	3.851	3.725	3.19	2.779	2.455	2.196	1.984
13	12.133	11.348	10.634	9.985	9.393	8.852	7.903	7.103	6.423	5.842	5.583	5.342	4.909	4.532	4.202	3.912	3.78	3.223	2.799	2.468	2.204	1.989
14	13.003	12.106	11.296	10.563	9.898	9.294	8.244	7.366	6.628	6.002	5.724	5.467	5.008	4.61	4.264	3.961	3.824	3.248	2.814	2.477	2.209	1.993
15	13.865	12.849	11.937	11.118	10.379	9.712	8.559	7.606	6.81	6.142	5.847	5.575	5.091	4.675	4.315	4.001	3.859	3.268	2.825	2.483	2.213	1.995
16	14.717	13.577	12.561	11.652	10.837	10.105	8.851	7.823	6.973	6.265	5.954	5.668	5.162	4.729	4.356	4.033	3.887	3.283	2.833	2.488	2.216	1.996
17	15.562	14.291	13.166	12.165	11.274	10.477	9.121	8.021	7.119	6.372	6.047	5.748	5.222	4.774	4.39	4.059	3.909	3.294	2.839	2.491	2.218	1.997
18	16.398	14.992	13.753	12.659	11.689	10.827	9.371	8.201	7.249	6.467	6.127	5.817	5.273	4.812	4.418	4.079	3.927	3.303	2.844	2.494	2.219	1.998
19	17.226	15.678	14.323	13.133	12.085	11.158	9.603	8.364	7.365	6.55	6.198	5.877	5.316	4.843	4.441	4.096	3.942	3.31	2.847	2.495	2.22	1.999
20	18.045	16.351	14.877	13.59	12.462	11.469	9.818	8.513	7.469	6.623	6.259	5.928	5.352	4.869	4.46	4.11	3.953	3.315	2.85	2.497	2.22	1.999
21	18.856	17.011	15.415	14.029	12.821	11.764	10.016	8.648	7.562	6.686	6.312	5.973	5.383	4.891	4.475	4.121	3.963	3.319	2.851	2.497	2.221	1.999
22	19.66	17.658	15.936	14.451	13.163	12.041	10.2	8.771	7.644	6.742	6.358	6.011	5.409	4.909	4.488	4.129	3.97	3.322	2.853	2.498	2.221	1.999

续表

期数	1%	2%	3%	4%	5%	6%	8%	10%	12%	14%	15%	16%	18%	20%	22%	24%	25%	30%	35%	40%	45%	50%
23	20.455	18.292	16.443	14.856	13.488	12.303	10.371	8.883	7.718	6.792	6.398	6.044	5.432	4.924	4.498	4.137	3.976	3.325	2.854	2.498	2.221	1.999
24	21.243	18.913	16.935	15.246	13.798	12.55	10.528	8.984	7.784	6.835	6.433	6.072	5.45	4.937	4.507	4.142	3.981	3.327	2.855	2.499	2.221	1.999
25	22.023	19.523	17.413	15.622	14.093	12.783	10.674	9.077	7.843	6.872	6.464	6.097	5.466	4.947	4.513	4.147	3.984	3.328	2.855	2.499	2.222	1.999
26	22.795	20.121	17.876	15.982	14.375	13.003	10.809	9.16	7.895	6.906	6.49	6.118	5.48	4.956	4.519	4.151	3.987	3.329	2.856	2.499	2.222	1.999
27	23.559	20.706	18.327	16.329	14.643	13.21	10.935	9.237	7.942	6.935	6.513	6.136	5.491	4.963	4.524	4.154	3.99	3.33	2.856	2.499	2.222	1.999
28	24.316	21.281	18.764	16.663	14.898	13.406	11.051	9.306	7.984	6.96	6.533	6.152	5.501	4.969	4.528	4.156	3.992	3.331	2.856	2.499	2.222	1.999
29	25.065	21.844	19.188	16.983	15.141	13.59	11.158	9.369	8.021	6.983	6.55	6.165	5.509	4.974	4.531	4.158	3.993	3.331	2.856	2.499	2.222	1.999
30	25.807	22.396	19.6	17.292	15.372	13.764	11.257	9.426	8.055	7.002	6.565	6.177	5.516	4.978	4.533	4.16	3.995	3.332	2.856	2.499	2.222	1.999
40	32.834	27.355	23.114	19.792	17.159	15.046	11.924	9.779	8.243	7.105	6.641	6.233	5.548	4.996	4.543	4.165	3.999	3.333	2.857	2.499	2.222	1.999
50	39.196	31.423	25.729	21.482	18.255	15.761	12.233	9.914	8.304	7.132	6.66	6.246	5.554	4.999	4.545	4.166	3.999	3.333	2.857	2.499	2.222	1.999

复利现值系数表（PVIF 表）

期数	1%	2%	3%	4%	5%	6%	8%	10%	12%	14%	15%	16%	18%	20%	25%	30%	35%	40%	50%
1	0.99	0.98	0.97	0.961	0.952	0.943	0.925	0.909	0.892	0.877	0.869	0.862	0.847	0.833	0.8	0.769	0.74	0.714	0.666
2	0.98	0.961	0.942	0.924	0.907	0.889	0.857	0.826	0.797	0.769	0.756	0.743	0.718	0.694	0.64	0.591	0.548	0.51	0.444
3	0.97	0.942	0.915	0.888	0.863	0.839	0.793	0.751	0.711	0.674	0.657	0.64	0.608	0.578	0.512	0.455	0.406	0.364	0.296
4	0.96	0.923	0.888	0.854	0.822	0.792	0.735	0.683	0.635	0.592	0.571	0.552	0.515	0.482	0.409	0.35	0.301	0.26	0.197
5	0.951	0.905	0.862	0.821	0.783	0.747	0.68	0.62	0.567	0.519	0.497	0.476	0.437	0.401	0.327	0.269	0.223	0.185	0.131
6	0.942	0.887	0.837	0.79	0.746	0.704	0.63	0.564	0.506	0.455	0.432	0.41	0.37	0.334	0.262	0.207	0.165	0.132	0.087
7	0.932	0.87	0.813	0.759	0.71	0.665	0.583	0.513	0.452	0.399	0.375	0.353	0.313	0.279	0.209	0.159	0.122	0.094	0.058
8	0.923	0.853	0.789	0.73	0.676	0.627	0.54	0.466	0.403	0.35	0.326	0.305	0.266	0.232	0.167	0.122	0.09	0.067	0.039
9	0.914	0.836	0.766	0.702	0.644	0.591	0.5	0.424	0.36	0.307	0.284	0.262	0.225	0.193	0.134	0.094	0.067	0.048	0.026
10	0.905	0.82	0.744	0.675	0.613	0.558	0.463	0.385	0.321	0.269	0.247	0.226	0.191	0.161	0.107	0.072	0.049	0.034	0.017
11	0.896	0.804	0.722	0.649	0.584	0.526	0.428	0.35	0.287	0.236	0.214	0.195	0.161	0.134	0.085	0.055	0.036	0.024	0.011
12	0.887	0.788	0.701	0.624	0.556	0.496	0.397	0.318	0.256	0.207	0.186	0.168	0.137	0.112	0.068	0.042	0.027	0.017	0.007
13	0.878	0.773	0.68	0.6	0.53	0.468	0.367	0.289	0.229	0.182	0.162	0.145	0.116	0.093	0.054	0.033	0.02	0.012	0.005
14	0.869	0.757	0.661	0.577	0.505	0.442	0.34	0.263	0.204	0.159	0.141	0.125	0.098	0.077	0.043	0.025	0.014	0.008	0.003
15	0.861	0.743	0.641	0.555	0.481	0.417	0.315	0.239	0.182	0.14	0.122	0.107	0.083	0.064	0.035	0.019	0.011	0.006	0.002
16	0.852	0.728	0.623	0.533	0.458	0.393	0.291	0.217	0.163	0.122	0.106	0.093	0.07	0.054	0.028	0.015	0.008	0.004	0.001
17	0.844	0.714	0.605	0.513	0.436	0.371	0.27	0.197	0.145	0.107	0.092	0.08	0.059	0.045	0.022	0.011	0.006	0.003	0.001
18	0.836	0.7	0.587	0.493	0.415	0.35	0.25	0.179	0.13	0.094	0.08	0.069	0.05	0.037	0.018	0.008	0.004	0.002	0
19	0.827	0.686	0.57	0.474	0.395	0.33	0.231	0.163	0.116	0.082	0.07	0.059	0.043	0.031	0.014	0.006	0.003	0.001	0
20	0.819	0.672	0.553	0.456	0.376	0.311	0.214	0.148	0.103	0.072	0.061	0.051	0.036	0.026	0.011	0.005	0.002	0.001	0
21	0.811	0.659	0.537	0.438	0.358	0.294	0.198	0.135	0.092	0.063	0.053	0.044	0.03	0.021	0.009	0.004	0.001	0.001	0
22	0.803	0.646	0.521	0.421	0.341	0.277	0.183	0.122	0.082	0.055	0.046	0.038	0.026	0.018	0.007	0.003	0.001	0	0
23	0.795	0.634	0.506	0.405	0.325	0.261	0.17	0.111	0.073	0.049	0.04	0.032	0.022	0.015	0.005	0.002	0.001	0	0
24	0.787	0.621	0.491	0.39	0.31	0.246	0.157	0.101	0.065	0.043	0.034	0.028	0.018	0.012	0.004	0.001	0	0	0
25	0.779	0.609	0.477	0.375	0.295	0.232	0.146	0.092	0.058	0.037	0.03	0.024	0.015	0.01	0.003	0.001	0	0	0
26	0.772	0.597	0.463	0.36	0.281	0.219	0.135	0.083	0.052	0.033	0.026	0.021	0.013	0.008	0.003	0.001	0	0	0

续表

期数	1%	2%	3%	4%	5%	6%	8%	10%	12%	14%	15%	16%	18%	20%	25%	30%	35%	40%	50%
27	0.764	0.585	0.45	0.346	0.267	0.207	0.125	0.076	0.046	0.029	0.022	0.018	0.011	0.007	0.002	0	0	0	0
28	0.756	0.574	0.437	0.333	0.255	0.195	0.115	0.069	0.041	0.025	0.019	0.015	0.009	0.006	0.001	0	0	0	0
29	0.749	0.563	0.424	0.32	0.242	0.184	0.107	0.063	0.037	0.022	0.017	0.013	0.008	0.005	0.001	0	0	0	0
30	0.741	0.552	0.411	0.308	0.231	0.174	0.099	0.057	0.033	0.019	0.015	0.011	0.006	0.004	0.001	0	0	0	0
31	0.734	0.541	0.399	0.296	0.22	0.164	0.092	0.052	0.029	0.017	0.013	0.01	0.005	0.003	0	0	0	0	0
32	0.727	0.53	0.388	0.285	0.209	0.154	0.085	0.047	0.026	0.015	0.011	0.008	0.005	0.002	0	0	0	0	0
33	0.72	0.52	0.377	0.274	0.199	0.146	0.078	0.043	0.023	0.013	0.009	0.007	0.004	0.002	0	0	0	0	0
34	0.712	0.51	0.366	0.263	0.19	0.137	0.073	0.039	0.021	0.011	0.008	0.006	0.003	0.002	0	0	0	0	0
35	0.705	0.5	0.355	0.253	0.181	0.13	0.067	0.035	0.018	0.01	0.007	0.005	0.003	0.001	0	0	0	0	0
36	0.698	0.49	0.345	0.243	0.172	0.122	0.062	0.032	0.016	0.008	0.006	0.004	0.002	0.001	0	0	0	0	0
37	0.692	0.48	0.334	0.234	0.164	0.115	0.057	0.029	0.015	0.007	0.005	0.004	0.002	0.001	0	0	0	0	0
38	0.685	0.471	0.325	0.225	0.156	0.109	0.053	0.026	0.013	0.006	0.004	0.003	0.001	0	0	0	0	0	0
39	0.678	0.461	0.315	0.216	0.149	0.103	0.049	0.024	0.012	0.006	0.004	0.003	0.001	0	0	0	0	0	0
40	0.671	0.452	0.306	0.208	0.142	0.097	0.046	0.022	0.01	0.005	0.003	0.002	0.001	0	0	0	0	0	0
41	0.665	0.444	0.297	0.2	0.135	0.091	0.042	0.02	0.009	0.004	0.003	0.002	0.001	0	0	0	0	0	0
42	0.658	0.435	0.288	0.192	0.128	0.086	0.039	0.018	0.008	0.004	0.002	0.001	0	0	0	0	0	0	0
43	0.651	0.426	0.28	0.185	0.122	0.081	0.036	0.016	0.007	0.003	0.002	0.001	0	0	0	0	0	0	0
44	0.645	0.418	0.272	0.178	0.116	0.077	0.033	0.015	0.006	0.003	0.002	0.001	0	0	0	0	0	0	0
45	0.639	0.41	0.264	0.171	0.111	0.072	0.031	0.013	0.006	0.002	0.001	0.001	0	0	0	0	0	0	0
46	0.632	0.402	0.256	0.164	0.105	0.068	0.029	0.012	0.005	0.002	0.001	0.001	0	0	0	0	0	0	0
47	0.626	0.394	0.249	0.158	0.1	0.064	0.026	0.011	0.004	0.002	0.001	0.001	0	0	0	0	0	0	0
48	0.62	0.386	0.241	0.152	0.096	0.06	0.024	0.01	0.004	0.001	0.001	0	0	0	0	0	0	0	0
49	0.614	0.378	0.234	0.146	0.091	0.057	0.023	0.009	0.003	0.001	0.001	0	0	0	0	0	0	0	0
50	0.608	0.371	0.228	0.14	0.087	0.054	0.021	0.008	0.003	0.001	0	0	0	0	0	0	0	0	0

年金终值系数表（FVIFA表）

期数	1%	2%	3%	4%	5%	6%	7%	8%	9%	10%	11%	12%	13%	14%	15%	16%	17%	18%	19%	20%	25%	30%
1	1.000	1.000	1.000	1.000	1.000	1.000	1.000	1.000	1.000	1.000	1.000	1.000	1.000	1.000	1.000	1.000	1.000	1.000	1.000	1.000	1.000	1.000
2	2.010	2.020	2.030	2.040	2.050	2.060	2.070	2.080	2.090	2.100	2.110	2.120	2.130	2.140	2.150	2.160	2.170	2.180	2.190	2.200	2.250	2.300
3	3.030	3.060	3.091	3.122	3.153	3.184	3.215	3.246	3.278	3.310	3.342	3.374	3.407	3.440	3.473	3.506	3.539	3.572	3.606	3.640	3.813	3.990
4	4.060	4.122	4.184	4.246	4.310	4.375	4.440	4.506	4.573	4.641	4.710	4.779	4.850	4.921	4.993	5.066	5.141	5.215	5.291	5.368	5.766	6.187
5	5.101	5.204	5.309	5.416	5.526	5.637	5.751	5.867	5.985	6.105	6.228	6.353	6.480	6.610	6.742	6.877	7.014	7.154	7.297	7.442	8.207	9.043
6	6.152	6.308	6.468	6.633	6.802	6.975	7.153	7.336	7.523	7.716	7.913	8.115	8.323	8.536	8.754	8.977	9.207	9.442	9.683	9.930	11.259	12.756
7	7.214	7.434	7.662	7.898	8.142	8.394	8.654	8.923	9.200	9.487	9.783	10.089	10.405	10.730	11.067	11.414	11.772	12.142	12.523	12.916	15.073	17.583
8	8.286	8.583	8.892	9.214	9.549	9.879	10.260	10.637	11.028	11.436	11.859	12.300	12.757	13.233	13.727	14.240	14.773	15.327	15.902	16.499	19.842	23.858
9	9.369	9.755	10.159	10.583	11.027	11.491	11.978	12.488	13.021	13.579	14.164	14.776	15.416	16.085	16.786	17.519	18.285	19.086	19.923	20.799	25.802	32.015
10	10.462	10.950	11.464	12.006	12.578	13.181	13.816	14.487	15.193	15.937	16.722	17.549	18.420	19.337	20.304	21.321	22.393	23.521	24.701	25.959	33.253	42.619
11	11.567	12.169	12.808	13.486	14.207	14.972	15.784	16.645	17.560	18.531	19.561	20.655	21.814	23.045	24.349	25.733	27.200	28.755	30.404	32.150	42.566	56.405
12	12.683	13.412	14.192	15.026	15.618	16.870	17.888	18.977	20.141	21.384	22.713	24.133	25.650	27.271	29.002	30.850	32.824	34.931	37.180	39.581	54.208	74.327
13	13.809	14.680	15.618	16.627	17.713	18.882	20.141	21.495	22.953	24.523	26.212	28.029	29.985	32.089	34.352	36.786	39.404	42.219	45.244	48.497	68.760	97.625
14	14.947	15.974	17.086	18.292	19.599	21.015	22.550	24.215	26.019	27.975	30.095	32.393	34.883	37.581	40.505	43.672	47.103	50.818	54.841	54.196	86.949	127.910
15	16.097	17.293	18.599	20.024	21.579	23.276	25.129	27.152	29.361	31.772	34.405	37.280	40.417	43.842	47.580	51.660	56.110	6.965	66.261	72.035	109.690	167.290
16	17.258	18.639	20.157	21.825	23.657	25.673	27.888	30.324	33.003	35.950	39.190	42.753	46.672	50.980	55.717	60.925	66.649	72.939	79.850	87.442	138.110	218.470
17	18.430	20.012	21.762	23.698	25.840	28.213	30.840	33.750	36.974	40.545	44.501	48.884	53.739	59.118	65.075	71.673	78.979	87.068	96.022	105.930	173.640	285.010
18	19.615	21.412	23.414	25.645	28.132	30.906	33.999	37.450	41.301	45.599	50.396	55.750	61.725	68.394	75.836	84.141	93.406	103.740	115.270	128.120	218.050	371.520
19	20.811	22.841	25.117	27.671	30.539	33.760	37.379	41.446	46.018	51.159	56.939	63.440	70.749	79.969	88.212	98.603	110.290	123.410	138.170	154.740	273.560	483.970
20	22.019	24.297	26.870	29.778	33.066	36.786	40.995	45.762	51.160	57.275	64.203	72.052	80.947	91.025	120.440	115.380	130.030	146.630	165.420	186.690	342.950	630.170
25	28.243	32.030	36.459	41.646	47.727	54.865	63.249	73.106	84.701	98.347	114.410	133.330	155.620	181.870	212.790	249.210	292.110	342.600	402.040	471.980	1054.800	2348.800
30	34.785	40.588	47.575	56.085	66.439	79.058	94.461	113.280	136.310	164.490	199.020	241.330	293.200	356.790	434.750	530.310	647.440	790.950	966.700	1181.900	3227.200	8730
40	48.886	60.402	75.401	95.026	120.800	154.760	199.640	259.060	337.890	442.590	581.830	767.090	1013.700	1342.000	1779.100	2360.800	3134.500	4163.210	5519.800	7343.900	30089.000	120393
50	64.463	84.579	112.800	152.670	209.350	290.340	406.530	573.770	815.080	1163.900	1668.800	24000	3459.500	4991.500	7217.700	10436	15090	21813	31515	45497	280256	165976

复利终值系数表（FVIF 表）

期数	1%	2%	3%	4%	5%	6%	7%	8%	9%	10%	11%	12%	13%	14%	15%	16%	17%	18%	19%	20%	25%	30%
1	1.010	1.020	1.030	1.040	1.050	1.060	1.070	1.080	1.090	1.100	1.110	1.120	1.130	1.140	1.150	1.160	1.170	1.180	1.190	1.200	1.250	1.300
2	1.020	1.040	1.061	1.082	1.103	1.124	1.145	1.166	1.188	1.210	1.232	1.254	1.277	1.300	1.323	1.346	1.369	1.392	1.416	1.440	1.563	1.690
3	1.030	1.061	1.093	1.125	1.158	1.191	1.225	1.260	1.295	1.331	1.368	1.405	1.443	1.482	1.521	1.561	1.602	1.643	1.685	1.728	1.953	2.197
4	1.041	1.082	1.126	1.170	1.216	1.262	1.311	1.360	1.412	1.464	1.518	1.574	1.630	1.689	1.749	1.811	1.874	1.939	2.005	2.074	2.441	2.856
5	1.051	1.104	1.159	1.217	1.276	1.338	1.403	1.469	1.539	1.611	1.685	1.762	1.842	1.925	2.011	2.100	2.192	2.288	2.386	2.488	3.052	3.713
6	1.062	1.126	1.194	1.265	1.340	1.419	1.501	1.587	1.677	1.772	1.870	1.974	2.082	2.195	2.313	2.436	2.565	2.700	2.840	2.986	3.815	4.827
7	1.072	1.149	1.230	1.316	1.407	1.504	1.606	1.714	1.828	1.949	2.076	2.211	2.353	2.502	2.660	2.826	3.001	3.185	3.379	3.583	4.768	6.275
8	1.083	1.172	1.267	1.369	1.477	1.594	1.718	1.851	1.993	2.144	2.305	2.476	2.658	2.853	3.059	3.278	3.511	3.759	4.021	4.300	5.960	8.157
9	1.094	1.195	1.305	1.423	1.551	1.689	1.838	1.999	2.172	2.358	2.558	2.773	3.004	3.252	3.518	3.803	4.108	4.435	4.785	5.160	7.451	10.604
10	1.105	1.219	1.344	1.480	1.629	1.791	1.967	2.159	2.367	2.594	2.839	3.106	3.395	3.707	4.046	4.411	4.807	5.234	5.695	6.192	9.313	13.786
11	1.116	1.243	1.384	1.539	1.710	1.898	2.105	2.332	2.580	2.853	3.152	3.479	3.836	4.226	4.652	5.117	5.624	6.176	6.777	7.430	11.642	17.922
12	1.127	1.268	1.426	1.601	1.796	2.012	2.252	2.518	2.813	3.138	3.498	3.896	4.335	4.818	5.350	5.936	6.580	7.288	8.064	8.916	14.552	23.298
13	1.138	1.294	1.469	1.665	1.886	2.133	2.410	2.720	3.066	3.452	3.883	4.363	4.898	5.492	6.153	6.886	7.699	8.599	9.596	10.699	18.190	30.288
14	1.149	1.319	1.513	1.732	1.980	2.261	2.579	2.937	3.342	3.797	4.310	4.887	5.535	6.261	7.076	7.988	9.007	10.147	11.420	12.839	22.737	39.374
15	1.161	1.346	1.558	1.801	2.079	2.397	2.759	3.172	3.642	4.177	4.785	5.474	6.254	7.138	8.137	9.266	10.539	11.974	13.590	15.407	28.422	51.186
16	1.173	1.373	1.605	1.873	2.183	2.540	2.952	3.426	3.970	4.595	5.311	6.130	7.067	8.137	9.358	10.748	12.330	14.129	16.172	18.488	35.527	66.542
17	1.184	1.400	1.653	1.948	2.292	2.693	3.159	3.700	4.328	5.054	5.895	6.866	7.986	9.276	10.761	12.468	14.426	16.672	19.244	22.186	44.409	86.504
18	1.196	1.428	1.702	2.026	2.407	2.854	3.380	3.996	4.717	5.560	6.544	7.690	9.024	10.575	12.375	14.463	16.879	19.673	22.901	26.623	55.511	112.455
19	1.208	1.457	1.754	2.107	2.527	3.026	3.617	4.316	5.142	6.116	7.263	8.613	10.197	12.056	14.232	16.777	19.748	23.214	27.252	31.948	69.389	146.192
20	1.220	1.486	1.806	2.191	2.653	3.207	3.870	4.661	5.604	6.727	8.062	9.646	11.523	13.743	16.367	19.461	23.106	27.393	32.429	38.338	86.736	190.050
21	1.232	1.516	1.860	2.279	2.786	3.400	4.141	5.034	6.109	7.400	8.949	10.804	13.021	15.668	18.822	22.574	27.034	32.324	38.591	46.005	108.420	247.065
22	1.245	1.546	1.916	2.370	2.925	3.604	4.430	5.437	6.659	8.140	9.934	12.100	14.714	17.861	21.645	26.186	31.629	38.142	45.923	55.206	135.525	321.184
23	1.257	1.577	1.974	2.465	3.072	3.820	4.741	5.871	7.258	8.954	11.026	13.552	16.627	20.362	24.891	30.376	37.006	45.008	54.649	66.247	169.407	417.539
24	1.270	1.608	2.033	2.563	3.225	4.049	5.072	6.341	7.911	9.850	12.239	15.179	18.788	23.212	28.625	35.236	43.297	53.109	65.032	79.497	211.758	542.801
25	1.282	1.641	2.094	2.666	3.386	4.292	5.427	6.848	8.623	10.835	13.585	17.000	21.231	26.462	32.919	40.874	50.658	62.669	77.388	95.396	264.698	705.641
26	1.295	1.673	2.157	2.772	3.556	4.549	5.807	7.396	9.399	11.918	15.080	19.040	23.991	30.167	37.857	47.414	59.270	73.949	92.092	114.475	330.872	917.333

续表

期数	1%	2%	3%	4%	5%	6%	7%	8%	9%	10%	11%	12%	13%	14%	15%	16%	17%	18%	19%	20%	25%	30%
27	1.308	1.707	2.221	2.883	3.733	4.822	6.214	7.988	10.245	13.110	16.739	21.325	27.109	34.390	43.535	55.000	69.345	87.260	109.589	137.371	413.590	1192.533
28	1.321	1.741	2.288	2.999	3.920	5.112	6.649	8.627	11.167	14.421	18.580	23.884	30.633	39.204	50.066	63.800	81.134	102.967	130.411	164.845	516.988	1550.293
29	1.335	1.776	2.357	3.119	4.116	5.418	7.114	9.317	12.172	15.863	20.624	26.750	34.616	44.693	57.575	74.009	94.927	121.501	155.189	197.814	646.235	2015.381
30	1.348	1.811	2.427	3.243	4.322	5.743	7.612	10.063	13.268	17.449	22.892	29.960	39.116	50.950	66.212	85.850	111.065	143.371	184.675	237.376	807.794	2619.996
40	1.489	2.208	3.262	4.801	7.04	10.286	14.974	21.725	31.409	45.259	65.001	93.051	132.78	188.88	267.86	378.72	533.87	750.38	1051.7	1469.8	7523.2	36119
50	1.654	2.692	4.384	7.107	11.467	18.42	29.457	46.902	74.358	117.39	184.57	289	450.74	700.23	1083.7	1670.7	2566.2	3927.4	5988.9	9100.4	70065	497929

参 考 文 献

[1] 李志斌，魏前梅. 财务管理：原理、方法与案例[M]. 北京：人民邮电出版社，2014.
[2] 吕爱武. 房地产企业财务管理一本通[M]. 北京：中国纺织出版社，2017.
[3] 杜俊娟. 财务管理理论与实务[M]. 北京：人民邮电出版社，2015.
[4] 蒋红芸，康玲. 财务管理学[M]. 2版. 北京：人民邮电出版社，2015.
[5] 荆新，王化成. 财务管理学[M]. 7版. 北京：中国人民大学出版社，2015.
[6] 严碧容，方明. 财务管理学[M]. 杭州：浙江大学出版社，2016.
[7] 韩东平. 财务管理学[M]. 2版. 北京：科学出版社，2015
[8] 马元驹. 财务管理学模拟实验教程[M]. 北京：中国人民大学出版社，2015.
[9] 任爱莲. 现代财务管理学[M]. 北京：中国财政经济出版社，2017.
[10] 常叶青，吴丽梅，沈亚军. 财务管理学[M]. 北京：清华大学出版社，2017.
[11] 王棣华. 财务管理案例精析[M]. 2版. 北京：中国市场出版社，2014.
[12] 韦德洪，邹武平. 财务预算学[M]. 2版. 北京：国防工业出版社，2017.
[13] 余源鹏. 房地产公司财务管理宝典[M]. 北京：化学工业出版社，2016.